AF367407

RPublishing

Servicios Editoriales

MANUAL DE INSTRUCCIONES PARA UNIVERSITARIOS PRIMERIZOS

Si estuviésemos en USA sería:

All you always wanted to know about your University first year, and nobody told you before

Enrique Romero

© Enrique Romero Pamo
  enriqueromero@usal.es
  Marzo 2018

Diseño de Cubierta:
Laura Cubino Montagut.

hola@lauracubino.es

@lauracubino

ISBN: **978-84-09-00971-8**

Segunda edición revisada: **Febrero 2019**

Editado por:

RPublishing

Servicios Editoriales

info.rpublishing@gmail.com

Reservados todos los derechos. No está permitida la reproducción total o parcial de esta obra, ni la duplicación de su versión en formato PDF o eBook, ni su difusión por cualquier medio (electrónico, grabación, fotocopia, escaneado u otros) sin autorización previa y por escrito del titular del Copyright.

La infracción contra esos derechos puede constituir un delito contra la propiedad intelectual.

Para Emi.
Después de una esforzada
etapa universitaria
te auguro una brillante
carrera profesional.

Orgulloso de ti, TQM.

CONTENIDO

1. BIENVENIDO, AMIGO PRIMERIZO.

    1.1. **Carrera**. ¿Seguro que has elegido bien?
    1.2. **Matrícula**, correo electrónico, carnet y... ¡listo!
    1.3. **Asignaturas**. Los trucos de elección de Optativas.

2. EL PROFESORADO. Esto es lo que te vas a encontrar.

    2.1. **Los tipos de profesores**: el *funcionario*, el *docente* y el *semidoc*.
    2.2. **Tu trato** con ellos, ¿cómo debe ser?

3. EL TRUCO DEL ALMENDRUCO. Las <u>claves</u> para tu <u>éxito.</u>

    3.1. **Asistencia a clase**. Te guste o no te guste.
    3.2. **Trabajos individuales**. Pueden ser divertidos.
    3.3. **Trabajos en Grupo**. Peligrosos en 1º, después no.
    3.4. **Presentaciones en clase**. Quítate el miedo escénico.
    3.5. **Prácticas de Laboratorio**. Para los de "Ciencias".

4. LAS TUTORIAS. Fundamentales.

5. EL ESTUDIO.

    5.1. ¿Dónde, cuándo, cómo y... cuánto?
    5.2. Preparación de los Exámenes Finales.
    5.3. Criterios de evaluación. Múltiples y variados.

6. ORGANIZACIÓN DE TU TIEMPO.

7. LOS IDIOMAS.

PRÓLOGO

He de reconocer que a la hora de escribir este prólogo, he tenido sentimientos encontrados. No sabía qué aportar al completo manual que aquí comienza. Sin embargo, según iba surfeando por las páginas escritas por Enrique Romero, me retrotraje a mis años universitarios.

Me surgieron muchos recuerdos de mis dos carreras. La primera, Licenciatura en Periodismo, realizada en la Universidad Complutense de Madrid, y la otra, Grado en Historia, en la Universidad de Salamanca, con el Plan Bolonia recién implantado. Dos experiencias distintas pero similares, que me han definido como persona.

En ambos casos –Periodismo e Historia– he aprendido cosas. Sobre todo, de la vida.

El autor ofrece muy buenos consejos para gestionar el tránsito del bachillerato a la vida universitaria. Sus recomendaciones facilitan la existencia al estudiante, convirtiéndolo en un alumno más eficaz. Por tanto, querido lector, puedes seguir estas ideas al pie de la letra. No temas en hacerlo. Tu paso por la carrera se convertirá en algo más provechoso y placentero.

No hay que olvidar que Enrique escribe desde la experiencia. Primero, en su juventud, cursó Ingeniería Electrónica. Y ahora, durante su madurez, ha hecho lo propio con Historia. Por tanto, se constituye como un observador crítico de la realidad. Y además, lo hace con conocimiento de causa.

Él es un alumno más en el aula, pero domina todos los resortes y posee los mecanismos adecuados para comparar ambas. Los temas que toca Enrique van desde la elección de asignaturas y profesores, a técnicas de estudio o a la mejor forma de ejecutar los trabajos.

Unos planteamientos muy útiles ante la falta de información de los estudiantes primerizos a la hora de iniciar una carrera, porque siempre tendremos que enfrentarnos a realidades novedosas y en ocasiones, poco reconfortantes, como los primeros exámenes o los profesores-funcionarios/«dinosaurios».

Personalmente, he sufridos dos planes de estudio: Bolonia y el anterior. Teóricamente, es mucho más interesante la propuesta establecida por Europa. A través de la evaluación continua, se intenta estimular las potencialidades del alumno. Al fin y al cabo, evita jugárselo todo en un único examen. Sin embargo, para implantar la nueva perspectiva hay que proporcionar más medios materiales y personales, cosa que en España no ha sucedido y actualmente tenemos un Plan Semi-Bolonia.

La manera de afrontar los estudios universitarios es muy personal, como lo es la elección de materias y profesores, la forma de estudiar o la distribución del tiempo. Pero en el presente manual se brindan consejos muy válidos para abordar la etapa universitaria de modo ameno y fácil de leer, con un lenguaje desenfadado y directo, en el que se proporcionan recomendaciones que, a buen seguro, ayudarán al estudiante novel a perder el pánico en su nueva etapa.

Por tanto, adelante amigo primerizo porque, como decía Franklin D. Roosevelt:

> *«Lo único a temer es al miedo en si mismo»*

Julio Martínez
París, marzo 2018.

MI SALUDO DE BIENVENIDA

Benvinguda, Ongietorri, Benvido.

Enhorabuena, joven amigo lector. Con la compra de este librillo ya denotas preocupación e interés sobre lo que va a ser tu vida los próximos años. Es un excelente comienzo.

Hasta que te gradúes, hagas tu Máster y enfoques hacia dónde quieres ir profesionalmente en el mundo laboral, van a pasar unos pocos años de tu vida pero fundamentales; de hecho van a marcar tu futuro, por eso *"cuanto mejor, pues más mejor y además es así si es mejor"* que diría Mariano Rajoy con su tradicional elocuencia vía plasma.

Has acabado tu bachillerato, aprobaste tu prueba de acceso con gran satisfacción personal (y de tus padres), y ahora asumes el reto de estudiar una carrera universitaria para la que tienes *nota de corte* suficiente.

En muchos casos has abandonado tu pueblo o ciudad, tu familia, tus amigos, tu recién estrenado novio o novia y te has ido a vivir durante el curso académico a una ciudad universitaria enfrentándote solo al desafío del cambio de entorno vital, usos y clima (siempre recuerdo a mis compañeros sureños y canarios en medio de la estepa castellana en invierno), y al salto que supone salir de tu confortable IES y entrar en el sistema de enseñanza de la Universidad "Boloñesa" del siglo XXI que desconoces totalmente, tanto tú, como tus padres aunque sean universitarios. Esto ha cambiado mucho.

Para todo y también para tus estudios, hay dos maneras de ir por la vida: una a base de *equivocaciones,* tropezones y malas experiencias de las que se acaba aprendiendo, y otra asesorándote y documentándote bien antes de actuar para intentar no cometer errores.

En este caso, el salto del Instituto a la Universidad es grande. Año tras año y curso tras curso, miles de estudiantes que a los diez y ocho se sienten muy maduros y con fuerzas para comerse el mundo, en su primer año de carrera se pegan el *batacazo* aún habiendo hecho unos bachilleratos *brillantes* con excelentes calificaciones. La causa no es otra que sin información se cometen muchos errores absurdos.

En este Manual, meramente *práctico-académico,* me voy a centrar en proporcionártela junto con detalles, trucos y *métodos a seguir,* para *sortear* hábilmente las muchas *dificultades* con las que te vas a encontrar en tu *primer año* de universidad; después de pasarlo, los siguientes cursos te resultarán mucho más fáciles.

Un abrazo amigo primerizo y... ¡mucho ánimo!

Enrique Romero
Abril 2018

LA CARRERA

Papá, quiero ser Ingeniera de Blockchain.

Continuemos filosofando un poco antes de entrar en materia. Partimos de la base de suponer que la carrera o Grado que has elegido, lo has hecho *vocacionalmente*, porque si no mal empezamos. Tener que estudiar algo que ni te gusta ni te interesa *no merece la pena*, es una pérdida de tiempo en una edad crítica y por supuesto un gasto de energías y dinero. Piénsatelo bien.

He conocido más de un caso de compañeros influenciados por sus padres que bien desean que su hijo tenga su misma profesión o idealizan con la que les gustaría haber tenido ellos. Es mala fórmula.

Si tu padre quiere que seas Abogado y tú quieres ser Físico Nuclear, habla seriamente con él y hazle *entender* tus razones. Es lamentable que después de haber aprobado uno o varios cursos de una carrera que no te gusta, finalmente tengas las agallas suficientes para plantear en casa que quieres abandonarla y cambiarte a la que realmente te gusta e interesa. Recuerdo con cariño a una compañera gallega que con tres cursos aprobados de Ingeniería Naval, convenció a su padre (ingeniero naval, por supuesto) para que le permitiera abandonar y comenzar a estudiar el Grado en Historia.

Otra, que ya matriculada en tercero de Derecho, hija y nieta de famosos abogados con prestigioso bufete, consiguió cambiarse a estudiar Veterinaria, que era su verdadera vocación y así unos cuantos más.

Puede que no sea tu caso, pero es un hecho más común de lo que pueda parecer a primera vista. Si resulta que *sí lo es*, mi recomendación es que *actúes de inmediato* y no lo dejes pasar de este mismo curso.

Si tu vocación es una carrera "de Letras", estate preparado para escuchar comentarios del tipo *¿Pero cómo piensas ganarte la vida estudiando... ESOOO?* Tú ni caso, porque la pregunta denota una ignorancia supina.

Mi larga experiencia de la vida me ha enseñado que en todas las carreras hay tres tipos de estudiantes:

- Los *brillantes y muy vocacionales* que al acabar sus estudios se abren inmediatamente camino en el mundo laboral y acaban destacando en su profesión.

- Los *vocacionales normales* a los que les cuesta algo más arrancar en la vida profesional pero acaban encontrando su hueco disfrutando de él.

- Los que *pasaban por allí* y estudiaron esa carrera como podían haberlo hecho con cualquier otra, alargando su duración todo lo posible y rematándola con un útil Máster en Punto de Cruz. Raramente acaban ejerciendo una profesión relacionada con ella. Son minoritarios, pero haberlos, hailos. Suelen ser parte de la comparsa alegre y bullanguera de la clase. Los *dinamizadores de kedadas*.

Lo que tienes que tener *muy en cuenta*, mi querido amigo, es que de tus estudios va a depender algo tan importante en la vida como es *tu trabajo,* con el que desarrollarás tu faceta humana en la sociedad y de él dependerá en gran parte tu felicidad, porque la vida después de estos años de universidad, fundamentalmente es... trabajo y trabajo hasta que te jubiles.

Bueno... hay muchas otras cosas buenas también que convierten el *vivir la vida* en una aventura apasionante a todas las edades, pero el trabajo es un porcentaje importante de ella, por tanto *elige bien* tus estudios y *convencido al 100%.* Ellos conformarán tu profesión que espero sea apasionante para tí y disfrutes de ella. Para mí, así ha sido en mi vida.

Dicho esto y dando por sentado que asumes el reto y estás dispuesto a estudiar la carrera que realmente *te gusta y te apasiona*, continuemos con el desarrollo de la cosa.

LA MATRÍCULA

El primer paso decisivo.

Si este Manual llega a tus manos antes de formalizar tu primera matrícula, mejor. Si ya está hecha, los consejos que aquí te cuento te servirán para ambos casos, pues tienes posibilidad de *rectificar.*

Como sabes, el actual Plan Común de Estudios Universitarios en la Unión Europea (EEES, Espacio Europeo de Educación Superior), vulgarmente llamado *Plan Bolonia*, fue implementado en España en el Curso 2010-2011, sustituyendo al anterior (con sus múltiples revisiones a lo largo del siglo XX) de Licenciaturas e Ingenierías de cinco años, por Grados de cuatro y un año más de Máster.

Hoy, sólo con el título de graduado se puede acceder *a* poco, siendo el Máster no solo prácticamente *preceptivo* sino *selectivo*, pues dependiendo de su tipo, centro que lo imparte y reputación, dependerán en gran medida tus posibilidades de acceso al mundo laboral -eso que en el lenguaje actual se define como *empleabilidad*- independientemente de la universidad en la que te hayas graduado.

Ahora los Grados se componen normalmente de 40 asignaturas de 6 créditos ECTS (European Credit Transfer and Accumulation System) cada una, a 10 asignaturas por curso, 5 en cada semestre, haciendo un total de 240 créditos necesarios para obtener el título de Graduado. Medicina sigue siendo distinta a todo, y caso aparte en el proceso de enseñanza. Los Máster suponen superar otros 60 créditos en 1 año, aunque los hay de más.

Vayamos a lo fundamental. En todas las carreras, dentro de las asignaturas que la componen, las hay de dos tipos: _troncales_, que quiere decir fijas e inamovibles cuya materia está directamente relacionada con la carrera y otras _optativas_, pensadas para completar la formación.

Para cada asignatura, sea troncal u optativa, sólo dispones de _DOS_ evaluaciones por curso, las llamadas _primera y segunda convocatoria_, dentro del mismo semestre y con 10 o 15 días de separación entre ellas. Aquello del plan anterior con sus convocatorias de junio, septiembre y la llamada _repesca_ en febrero, paso a la historia.

Ahora asignatura suspendida es asignatura que se _repite_ al curso siguiente y con un coste de matrícula superior. No hay recuperaciones u otras opciones, se siente, pero así es como está planteado y legislado.

Para empezar a entrar en materia, te informo que es muy normal el _alto porcentaje de fracaso_ en los exámenes del primer semestre del primer curso de universidad, por muchos y variados motivos que veremos más adelante. Tranquilo y no te alarmes; con los consejos de este Manual podrás _evitarlo_ o al menos intentar _minimizar_ al máximo una catástrofe catastrófica con la consiguiente bajada de moral que genera, incluso en algunos casos abandono y malas decisiones del tipo _"pues... me voy a hacer un Módulo de FP Superior y que le zurzan"_; pero tendrás que poner algo de esfuerzo por tu parte (digo yo).

Resulta que pensabas que esto estaba _chupao_ (realmente _sí lo está_, quiero animarte) pero a pesar de tus esfuerzos y atracones de estudio de última hora -too late my friend- al final de semestre has cosechado cuatro asignaturas miserablemente suspendidas, una aprobada por los pelos y una _bronca_ de tu padre de mucho cuidado, porque él sabe que tú eres inteligente y lo que supone (con parte de razón) es que has *vagueado* o te has dedicado intensivamente al *jolgorio* diurno y nocturno.

Lo que nunca imaginará es que realmente la causa principal de la catástrofe ha sido que has estado de septiembre a mayo más *despistado que un burro en un parking* (antes se decía garaje) y efectivamente dedicado al jolgorio quizás un pelín más de lo deseable, atacado por el famoso SPL *(Síndrome de la Primera Libertad)*. Demasiadas noches pasadas sin dormir en los muchos garitos para universitarios de la ciudad donde estudias - que, seamos honestos, forman parte de la idiosincrasia de la vida universitaria - pero pasan implacablemente su factura.

Si tú mismo has comprado este Manual o alguien te lo ha regalado antes de que comenzasen las clases en septiembre, lo lees, aplicas mis consejos y pones un poco de esfuerzo y autocontrol de tu parte, muy probablemente el resultado de tu primer año será: todas aprobadas o como mucho, una suspendida para el próximo curso (una *optativa* mal elegida lo más seguro) resultado que ningún padre puede reprochar, y lo más importante: tu *autoestima reforzada* con un firme y claro *I can do it !!* para afrontar el resto de la carrera. Ahora, volvamos al meollo de las truculentas *cuestiones matriculosas:*

LA ELECCIÓN DE ASIGNATURAS

Algo más que...esta me gusta, esta no me gusta.

Es VITAL leer detenidamente la *Guía Académica* (también llamada *Ficha Académica*) de <u>todas</u> las asignaturas que conforman el curso. Se encuentran en la información de cada Grado de cada Facultad de cada Universidad en su propia página web.

Ahí están detallados, entre otros, dos asuntos importantes: el *Temario* a cubrir y el *Método de Evaluación*, potestativo dentro de las normas generales y particular de cada profesor (algunos muy sui géneris, como veremos más adelante).

Como he comentado anteriormente, las asignaturas troncales son inamovibles y tendrás que lidiar con ellas <u>sí o sí</u>, pero hay una amplia oferta de asignaturas optativas entre las que puedes <u>elegir.</u>

Aparte de tu interés personal por alguna de ellas, tienes que ser eminentemente <u>práctico.</u> Lee bien en la Guía los requisitos particulares de evaluación e infórmate del tipo de profesor que la imparte (ver más adelante).

Hay algunos profesores de asignaturas optativas que se creen los más importantes de la Facultad y su asignatura ¡ya ni te cuento!, por lo que suelen aplicar criterios de evaluación francamente *exagerados.* En primer curso generan mucha frustración, estrés y ansiedad innecesarios.

Una asignatura *optativa* aparentemente tonta puede convertirse sin necesidad en *traicionera*, un auténtico calvario.

Si no haces lo que te comento a continuación o ya es demasiado tarde cuando leas esto y la acabas suspendiendo en segunda convocatoria, te queda el consuelo de olvidarte pasando olímpicamente de la asignatura coñazo y del profesor infumable al curso siguiente, matriculándote de otra optativa diferente con más garantías de éxito. Recuerda que *no estás obligado a repetirla*. Puedes conseguir los mismos créditos ECTS eligiendo otra optativa *distinta.*

Por el contrario, si tu matrícula ya está formalizada puedes, durante la <u>primera semana</u> de clases del primer semestre *cambiar* una asignatura optativa *por otra*. Lo mismo aplica a las asignaturas del segundo semestre. Una vez reanudadas las clases después de vacaciones de Navidad y exámenes, puedes *rectificar.*

Estate al tanto porque son <u>pocos días</u> (entre 7 y 10 según Universidades y Facultades) en los que se permite hacer este trámite directamente, de modo presencial y sin coste adicional alguno en la Secretaría de tu Facultad. Esta posibilidad de cambio es *bastante desconocida* (su normativa no se publicita como debiera) y este asunto de las malas optativas es un *fallo* muy común que cometen los estudiantes primerizos por eso es fundamental ponerte en ALERTA para que hábilmente lo esquives y no cometas el fallo que verás comentado y sufrido por más de un compañero al que nadie informó de todo esto (ni compró este Manual, jajaja !!).

Algunas Universidades van tomando conciencia de la importancia de la información al alumno y han mejorado este aspecto. Ahora, vayamos a las siguientes cuestiones:

Correo electrónico y carnet

Dos herramientas básicas.

Una vez formalizada la matrícula, tu universidad te asigna y pone a tu disposición un buzón personal de correo electrónico que en un principio es del tipo *variosnúmeros@dominio.es*, por ejemplo *12029@usal.es* (Universidad de Salamanca), o *3299@uva.es* (Universidad de Valladolid) o *2345@upv.es* (Universidad de País Vasco), etc.

Lo primero que debes hacer es darle de alta con tu contraseña. *No es buena práctica* dejarlo con el número asignado, lo mejor es personalizarlo por otro (puedes hacerlo online) con *inicial+primer apellido*, o si ya está ocupado *nombre+apellido*, o *inicial+dos apellidos* etc.

Su uso debe ser académico (aunque puedes utilizarlo para correo personal), sirve para el acceso como usuario a todos los servicios web del Campus Virtual de tu Universidad incluyendo su Plataforma Docente de curso/asignaturas, a tus calificaciones (eso de las Listas pinchadas en el tablón de anuncios pasó a la historia) y Expediente Académico, así como para *recibir* todas las comunicaciones oficiales. Es tu *identificación digital* a todos los efectos.

Bajo ningún concepto utilices para tu correo de la universidad los criterios juveniles e imaginativos de tus buzones de Hotmail, Gmail, Yahoo, etc. tipo *maripili2000@...*, *salido69@...*, *princessinlove@...* y similares.

Hay motivos prácticos que veremos, no sólo los de formalidad y seriedad.

Aparte dispondrás de un *Carnet Universitario*, que es tu identificación como estudiante en el mundo *normal* fuera del ciberespacio en el que te mueves. Te servirá para muchos usos (préstamo de libros en las Bibliotecas, identificación ante terceras personas y entidades, acceso a los parkings de estudiantes si los hay, a los comedores universitarios, etc.)

Incluso como son *inteligentes (¿...?)* porque disponen de microchip, se están empezando a utilizar en algunas universidades como control de acceso a las instalaciones y cómo no... al *control de la asistencia* boloñesa a clase (hablaremos más adelante), con unos maquinillos lectores ad hoc en el aula, a los que no se le puede hacer trampa como con las Listas de Asistencia en papel. *Ozú, no zé ande vamos a ir a pará !* Por tanto, durante el curso, lleva siempre el carnet en tu bolsillo.

Buenoooo... vamos progresando. Ya tenemos tu *matrícula* con todas las *asignaturas* que vas a tener que estudiar este primer año de la carrera que te gusta, todas *McNíficas* y super interesantes, tienes tu buzón de e-mail y tu carnet, y estás listo para la acción. Ahora vamos... ¡a por ello!

Empecemos por los profesores que te vas a encontrar, muy diferentes a los de tu Instituto. <u>Identificarlos y clasificarlos</u> es una *tarea vital* para tu éxito en sus asignaturas.

EL PROFESORADO UNIVERSITARIO

Y sus distintas variantes hispano-autonómicas.

Aunque el diccionario de la RAE no hace una clara diferenciación entre *Profesor* y *Docente*, yo siempre la he tenido.

Para mi un *profesor* es alguien que se dedica a la enseñanza como profesión y medio para ganarse el sustento, sin más, cumpliendo más o menos decentemente con su trabajo. Sin embargo, el *docente* es parte de una escogida minoría dentro del profesorado, que tiene *pasión por su profesión y materia de especialización*, se esfuerza y *consigue transmitir* al alumno no sólo sus conocimientos sino el interés por aprender más de lo que él o ella le proporciona, guiándole y motivándole convenientemente.

A lo largo de nuestra vida, siempre recordaremos con cariño a los buenos *docentes* que pasaron por ella, agradecidos por lo que *aportaron* a nuestra formación en cualquiera de sus diferentes etapas y niveles.

También existe una gran parte del profesorado universitario que pertenece al género difuso-intermedio (siempre lo hay en todos los ámbitos de la vida), a los que yo llamo *semidoc*. Se esfuerzan algo más impartiendo su asignatura que el profesor-funcionario. Algunos llegarán a *nivel doce*, pero muchos se quedarán in eternum en el *nivel seis* sin ser capaces de pasar a la siguiente pantalla, porque sobre todo, les falta la *motivación* y el entorno adecuado.

Otros, algunos de los jóvenes que se incorporaron hace poco y llevan algunos años dando clases le ponen entusiasmo; ya progresan adecuadamente en su profesión habiendo toda una amplia gama de *semidoc+, semidoc++ y semidoc+++* francamente buenos.

Por otra parte, también los hay que ya están *atrapados* en los malos hábitos que ven a su alrededor en su Facultad y Departamento, y seguirán siendo *semidoc* toda su vida o incluso quizás acaben a corto plazo degenerando hacia posiciones de *funcionarios*. Depende del *carácter*, *motivación* y/o verdadera vocación de cada uno de ellos.

Sin duda, el mayor problema actual de la Universidad española es el envejecimiento de su plantilla de Catedráticos y Profesores Titulares, paralelo a la *disminución* de su cantidad al no cubrirse las bajas - por aquello de la política de recortes presupuestarios del Gobierno, según ordena la Jefa de Europa *Fraü Merkel* -, teniendo los que continúan en activo, un notable incremento de carga de trabajo y una lamentable pérdida general de *motivación profesional* que involuntariamente transmiten al alumnado.

Catedráticos formados en el siglo XX, con metodologías del XIX que no han actualizado, se enfrentan a ti y a tus compañeros, un joven alumnado de la "Generación Digital 2.0" del siglo XXI que atónito, ve en ellos auténticos dinosaurios que no están en periodo de extinción, pues se perpetúan en la siguiente generación de Profesores Titulares cuarentones más jóvenes que ellos, formados en sus cátedras y departamentos *endogámicos* a su imagen y semejanza, que siguen utilizando exactamente la misma metodología *unidireccional* ya muy obsoleta : *"Yo profesor explico (*en algunas ocasiones simplemente *leo) el Temario de mi asignatura, y tú alumno me escuchas y memorizas".*

Incluso más de uno y más de dos son tan arrogantes en el ejercicio diario de su profesión, que *no permiten* preguntas durante la clase.

Tú alucinarás y tus compañeros Erasmus con los que compartirás clases, mucho más; simplemente no os lo creeréis, junto con otros hechos atípicos pero reales, como el acudir al despacho del profesor en horario de Tutoría y encontrarte con la puerta cerrada y un cartel que dice: *"Si desea tener una tutoría conmigo, por favor envíeme un e-mail solicitándolo y le daré día y hora".* Como las consultas médicas en la Seguridad Social, más o menos.

¿Qué ha sucedido en los últimos años en nuestra Universidad? Mi opinión personal (y no deja de ser más que eso, que nadie se rebote), es que los Claustros conservadores de nuestras ancestrales Facultades, *molestos* por los cambios (a nadie le gusta, ya mayor, que le cambien su *rutina* de años) que se introducían en 2010 con la implementación de la normativa del nuevo EEES (Espacio Europeo de Educación Superior) han sido tan hábiles que, abusando del *corporativismo* ante el enemigo común (Ministerio de Educación y Ciencia, y "Bruselas"), han conseguido *maquillar* los antiguos Planes de Estudios, Temarios, Fichas de Asignaturas y Métodos de Evaluación para que parezcan boloñeses, modernos y muy europeos, pero en realidad todo sigue siendo *igual* (incluso peor) que en el Plan anterior de Licenciaturas en el que se encontraban tan a gusto.

Esto es público y notorio en el ámbito universitario de este país. Muchos de los profesores jóvenes que han hecho su Licenciatura y su Doctorado, siendo contratados como *Profesores Asociados* (con unos sueldos y unas condiciones laborales *indignas* para una institución como la Universidad, hecho que *DENUNCIO* aquí en voz *ALTAAA!*), que se han incorporado a las

Facultades ahora *boloñesas* y tienen el modo de comparar el antes/ahora, están de acuerdo con mi teoría. Todo en su conjunto es un problema de PRESUPUESTO DE INVERSIÓN y FALTA DE VOLUNTAD POLÍTICA.

"Los métodos de enseñanza anglosajones, para ellos; nosotros seguimos a lo nuestro, como toda la vida", declaran públicamente algunos de los catedráticos *mayores* con un absurdo y rancio orgullo patrio al más puro estilo lapidario del *"¡Que inventen ellos!"*, que soltó don Miguel de Unamuno como Rector de la Universidad de Salamanca, un mal día torcido de hace ya un siglo.

Hablar hoy en día de "Procesos de Evaluación Continua" en nuestra enseñanza universitaria, no deja de ser un sarcasmo. Los que aparte de estudiar en la universidad española, lo han hecho en universidades europeas o americanas, conocen bien la diferencia.

Quiero dejar claro que hablo en general, reflejo tanto directo de lo visto y vivido en este segundo periodo universitario en el otoño de mi vida, como de lo contrastado hablando con alumnos y profesores de distintas Facultades y Universidades.

Por mi parte me sorprende el inmovilismo educativo hispánico en un mundo tan cambiante.

Yo soy partidario de las teorías del *"Aprendizaje basado en el pensamiento"*, que propone el *Prof. Robert Swartz* de la Universidad de Massachusetts desde el *Center for Teaching Thinking* (CTT). Postula enseñar a los estudiantes a tomar decisiones a partir de un razonamiento crítico, y a pensar de manera creativa y autónoma. Puedes leer sobre este tema en Internet donde encontrarás artículos y videos muy interesantes.

Pues bien, ante mí han desfilado gran cantidad de *profesores-funcionarios*, que solo acuden a la Facultad a dar sus horas de clase, otros *semidoc* que al menos le ponen algo de interés y voluntad, pero también he tenido otros magníficos y auténticos *docentes*, lamentablemente los menos, a los que en nuestro trato personal profesor-alumno he honrado con el calificativo de *Magister;* siempre dispuestos a aclararme todo tipo de dudas, a orientarme con recomendaciones de léete a tal autor y tal obra, o pásate después por mi despacho que te prestaré un buen libro, etc. con los que mis compañeros y yo no sólo hemos aprendido sino disfrutado de algunas materias, (¿o debería decir disfrutado aprendiendo?).

En otras palabras, lo que debería ser normal en el ámbito universitario, se ha convertido en algo cada vez más *excepcional y extraño*, como tantas otras cosas de esta absurda sociedad en la que vivimos.

Estamos hablando de algo muy serio: la formación de los profesionales de la futura clase dirigente de nuestro país, de los médicos que investigarán los nuevos tratamientos ahora desconocidos y no solo curarán nuestras enfermedades, de los abogados que utilizarán las nuevas leyes promulgadas para la realidad del siglo XXI, y no solo ocuparán puestos en la Judicatura, de los químicos, bioquímicos y biólogos que conseguirán que vivamos en un mundo mejor, los ingenieros que diseñarán cosas impensables hoy y por qué no, de los historiadores (tengo que poner en valor a mis nuevos colegas), que seguirán *revisando* y completando *el pasado* mientras escriben *el presente* para el conocimiento de las *futuras* generaciones.

Pues bien, resulta que UNO de estos futuros profesionales serás precisamente TÚ, lo cual va a ser todo un orgullo en tu vida. Pienso que nuestro futuro como país dentro de un mundo globalizado, que cambia y avanza día a día más que en los tres siglos pasados, depende, *más que nunca* (ahora esa frase tan repetida desde la Ilustración, cobra verdadero sentido) de la formación en la Universidad que reciba esta nueva y primera Generación Digital 2.0 de la que formas parte (hijos de la sufrida clase media de nuestra sociedad).

No hablamos de los hijos de padres *pudientes* que los envían directamente a universidades extranjeras de *alto copete* y alto precio, cuyos títulos *abren* mágicamente las *puertas* laborales en las empresas de los círculos de sus papás. "Siempre ha habido clases", aunque en España tengamos algunas reputadas (*y reputeadas*) Universidades, que imparten enseñanzas a primer nivel internacional, y que no son reconocidas y potenciadas como se *merecen.*

Después de este fabuloso *speech mitinero* que he soltado, mi querido amigo lector, universitario primerizo, esto es lo que hay y con este panorama tienes que intentar no sólo *"sacarte un título"*, objetivo muy pobre para una sociedad tan *competitiva* como la actual y futura, salvo que tengas la suerte de ser *rico por tu casa*, lo cual sería realmente *ssstupendo*, (cosa poco probable porque no estarías aquí leyendo mi Manual, estarías tumbado en la verde hierba del Campus de Harvard tomando el sol), sino *esforzarte y aprender* lo más que puedas para llegar a ser un *buen profesional* en tu vida.

Ahora, atento a los tipos de profesores que te vas a encontrar en tu vida universitaria:

EL PROFESOR FUNCIONARIO

Universitas Magister Burocraeticus.

Nueve de la mañana de un día lectivo cualquiera. En clase hay unos veinte alumnos de los sesenta matriculados en la asignatura. Nuestro *profesor-funcionario* llega con prisas a las nueve y cuarto.

Mientras conecta el ordenador y el proyector del aula, pasa a la primera fila el papel con la *Lista de Asistencia* (mandatorio para un buen cumplimiento de sus obligaciones funcionariales boloñesas).

Se le devolverá al final de la clase, y por el milagro de los panes y los peces, aparecerán cincuenta y dos alumnos asistentes, todos con su nombre, DNI y firma (los alumnos son primerizos pero... picarus hispanicus digitalis*)*. Al profesor/a no le llama la atención, porque no se fija en el sutil detalle, ni realmente le importa.

Él (o ella) *cumple* con las normas boloñesas: pasa la Lista de Asistencia a diario.

Con una imagen fija que se supone tiene que ver con el tema a tratar, proyectada sobre la pantalla del aula a modo de *telón de fondo* teatral para la *representación* de hoy, el profesor/a sentado/a en la mesa del estrado comienza a leer monótonamente al público asistente, el contenido de *sus hojas o cuaderno* sin casi levantar la vista.

Pero resulta que... todos los alumnos tienen, bien en papel impreso encuadernado con gusanillo, bien en la pantalla de su ordenador portátil o su tablet, exactamente el mismo texto recopilado pacientemente y pasado a Word por algún alumno de cursos anteriores, que encontró en ello un modo de pasar el rato y de paso hacerle un favor a compañeros futuros. Estos apuntes, que *no han cambiado* en los últimos *quince años*, fueron distribuidos a toda la clase de modo altruista por algún compañero durante los primeros días de curso, vía WhatsApp del Grupo de Clase (herramienta inexistente hace pocos años, práctica, solidaria y muy cohesionadora).

El único entretenimiento durante el tiempo que dure la clase (suele terminar a menos diez o menos cinco, con lo cual la hora lectiva queda reducida a la mitad), es estar atento para comprobar si hoy al leer se salta una línea, un punto o una coma, porque lo de añadir algo, o hacer un comentario extra ya está comprobado que *nunca sucede*. Hasta se hacen apuestas (*1€ a que hoy dice algo que no está en los apuntes, 2 cafés con croissant a que no, etc.*). Todo un espectáculo.

En lo referente a los famosos *trabajos boloñeses* (de los que hablaremos más adelante), no se conforma con uno, suele encargar dos o tres, no demasiado extensos por favor, tres folios máximo y con estrictos plazos de presentación.

Los temas los fija él o ella (los hay de ambos géneros muy *paritariamente*). Toda la clase da por supuesto que no los lee y que muy probablemente los califica por el número de hojas presentadas.

En el examen final, suele descolgarse con preguntas de *exóticos enunciados* de tipo *metafísico*. A pesar de todo, algunos alumnos avanzados los entienden y hacen brillantes exámenes que raramente son puntuados como se merecen.

Alcanzar un sobresaliente con este tipo de profesor es una *misión imposible* y los suspensos *injustificados* motivo de preocupación para alumnos que *defienden* sus Becas con uñas y dientes.

Reclamar la calificación en *revisión* de examen es casi siempre inútil pues, aunque se lo argumentes bien, te podrá machacar con un lapidario *"es mi criterio"*, algo contra lo que tú no puedes luchar.

El acudir en *solitario* pidiendo amparo al Director de Departamento, Coordinador de Grado, Decano o a la mismísima Comisión de Docencia de tu Facultad, lamentablemente puede ser no sólo inútil sino *mortal*, y lo digo con conocimiento de causa por haberlo intentado ingenuamente en una ocasión (nadie me advirtió o me dio a leer un Manual de Instrucciones como este). Hay una Norma no escrita entre el profesorado: *"tú no te metes conmigo y yo no me meto contigo"*. Paz y armonía *aparente* en el establishment universitario. Así funciona.

Si las irregularidades del profesor son patentes y hay *demasiados* casos anómalos que superan las estadísticas, lo mejor es plantear una reclamación *conjunta* que muy probablemente tampoco prosperará, pero al menos le dejaréis *en evidencia* frente a sus colegas del Claustro de Profesores y ponéis encima de la mesa aquello de... *"Yo no soy tonto"*.

Como he comentado anteriormente, este tipo de profesor/a es de los que no admiten preguntas en clase y citan a Tutoría de mala gana y por mail, al alumno voluntarioso que se lo solicita.

Curiosamente, también este tipo de *enseñantes*, porque ya no les vamos a llamar profesores, suelen ser de los más *exigentes* a la hora de calificar exámenes, y se vanaglorian del *alto índice de suspensos* que cosechan cada nuevo curso académico. Son unos absurdos.

Los hay en *todas* las Facultades de *todas* las Universidades de este país, por tanto, <u>*cuidado*</u> con ellos, estás advertido.

Lo lamentable para pasado, presente y futuro, es que ahí están y ahí *seguirán* hasta que se jubilen, curso tras curso, porque tienen la plaza *en propiedad*, (suya de por vida), un mal asunto de funcionariado decimonónico que ampara no sólo su *mal entendida* libertad de cátedra sino su *impunidad* frente a la sociedad.

Son unos auténticos *fakes* que aparentan ser lo que realmente no son. ¿Cómo han llegado a una plaza de profesor de una Universidad principal? Un auténtico misterio de la cosa *endogámico-universitaria* hispánica, tema para una buena Tesis Doctoral que nadie realizará (por motivos más que obvios).

Te voy a contar una triste anécdota <u>real.</u> No lo conoces todavía, pero dentro del supuesto Plan de Calidad en la Enseñanza o Plan de Excelencia Universitaria o como se denomine en tu Universidad, se realizan a los alumnos unas *encuestas anónimas* sobre todos y cada uno de los profesores de cada Facultad.

En el Curso 2013-2014, toda mi clase se puso *de acuerdo* para utilizar esa encuesta como *vía de protesta* frente a un enseñante de este tipo que nos tenía *hartos.*

Todos calificamos con el máximo negativo las casillas utilizando las de *totalmente en desacuerdo* o *muy deficiente* o la más negativa correspondiente a cada pregunta, con la esperanza de que al computar los resultados, *saltara alguna alarma.*

No sucedió *nada* (nothing de nada), nadie de la Facultad o del correspondiente Vicerrectorado se preocupó en venir a preguntarnos el por qué del dato que debería haber *hecho trizas* cualquier estadística razonable. Digo yo que quedaría justificado con una nota al margen que probablemente diría: *fallo del programa, no computar*. El informático responsable daría por sentado que semejante dato era estadísticamente *imposible*, o como mucho, quizás informó al Decano, que casualmente no le hizo ni caso, ¡vaya usted a saber! pero fue *rhaaro rhaaro rhaaro*.

Todos observamos con tristeza que el curso siguiente seguía en su puesto, con sus mismas *malas rutinas* de siempre, y con un buen puñado de alumnos repetidores, porque se creen que eso da mucho caché y categoría académica.

Él (o ella), también cree *erróneamente* que cumple con su trabajo porque es así como lo considera, un trabajo *de funcionario* como otro cualquiera, que para eso aprobó en su día su *Oposición*, eso sí, un trabajo de mayor nivel social, no sé si mejor pagado -*lo dudo*- pero mucho más *cómodo* y con mayor *libertad* que estar ocho horas diarias en un despacho de cualquier Ministerio o Consejería Autonómica.

Es muy lamentable pero real y resulta ser una de las grandes lacras que soporta - incomprensiblemente a ojos externos - nuestra Universidad, sin ser *erradicada*.

Este mismo tipo de personaje *mediocre* también es buen *fagocitador* en su entorno más cercano y tiene una tremenda habilidad para *trepar*.

En pocos años, si se lo propone, después de cruentas batallas internas contra otros compañeros, intrigas, zancadillas, alianzas y pactos variados que no trascienden al alumnado, los vemos de Directores de Departamento, o incluso más arriba, trepando en el *escalafón* (ver Wiki) universitario en el que se consolidan año tras año, tejiendo sus particulares y cada vez más tupidas *Redes Clientelares* (ver Wiki again).

Quiero dejar claro que este *espécimen hispánico* de mentalidad y carácter de *funcionario* existe en toda la Administración Pública desde los tiempos de *Cánovas y Sagasta* (ver más Wiki), no solo en la Universidad. Sin más comentarios, porque me caliento y me sube *la tensión* que uno ya está mayor.

Frente al negro, siempre está el blanco (me refiero a los colores, no a las razas, no me tomes por lo que no soy), así que consolémonos pasando al caso opuesto: el *PD.*

EL PROFESOR DOCENTE

¿Especie en vía de extinción? Esperemos que no.

Once de la mañana de un día cualquiera. El docente está un poco antes de la hora en punto en la puerta del aula, esperando a que salga el profesor que le precede. Mientras conecta ordenador y proyector, los alumnos aprovechan para salir al baño o a estirar las piernas en el pasillo. Da cinco minutos de cortesía y comienza la clase.

No existe control de asistencia: el que no quiera venir a clase que no venga y no va a ser discriminado por ello. A todos les computará los puntos por asistencia que le dictan las normas boloñesas. Utiliza el PowerPoint sólo como guion del tema a desarrollar y en algunos puntos tiene insertados links a imágenes, webs o YouTube.

Da la clase de pie, de cara a los alumnos, incluso pasea por el frente y laterales del aula. Por supuesto, no lee de ningún papel, ni utiliza *chuletas.* Se nota a la legua su dominio de la materia y que *prepara* sus clases.

Cada día lleva en su maletín dos o tres libros (siempre disponibles en la Biblioteca, no hay necesidad de comprarlos) relacionados con el tema, que enseña a los alumnos dando una breve reseña de autor y contenido para que aquellos que deseen profundizar puedan hacerlo.

No sólo pregunta a algún alumno, sino que se deja interrumpir tantas veces como sea necesario, dando la palabra a los que en algún momento han levantado la mano, estableciendo un pequeño debate a la pregunta u opinión. Si éste se alarga demasiado, lo corta (salvo que sea realmente interesante) diciendo: *"para los que quieran, estaré en mi despacho de tal hora a tal hora y podremos ampliar este debate, pero ahora debemos continuar con el tema".* Unos pocos minutos antes de la hora, da por terminada la clase.

A la salida, en el pasillo, siempre tiene un pequeño corrillo de alumnos que le plantean cuestiones o dudas. A los que demuestran mayor interés en las clases y participan activamente los conoce *por su nombre y apellido.* Lleva a rajatabla sus horas de Tutoría, atendiendo en su despacho por orden de cita o de llegada y también admite cualquier tipo de pregunta o consulta por e-mail, a los que suele contestar el mismo día.

Respecto al único trabajo de la asignatura, *deja libertad* permitiendo que el alumno le *proponga* tema y bibliografía a utilizar. Supervisado y/o modificado, recomendando, en caso necesario, una bibliografía más apropiada, da su visto bueno y permite al alumno fijar su extensión, que recomienda en unas veinte páginas pero no pone ninguna pega a extensiones inferiores o superiores; lo importante para él es el *contenido de tu trabajo* que leerá con interés y calificará adecuadamente.

El examen final lo suele dividir en *dos partes:* una de seis preguntas breves, de las que el alumno escoge tres, y otra de un tema principal a desarrollar a elegir entre tres posibles.

Por supuesto, el conjunto de preguntas ha sido cuidadosamente seleccionado para que reflejen el *contenido* del Temario tratado en las clases y nunca hay una *pregunta-trampa.* El tiempo del examen suele ser *amplio,* sin límite exacto de tiempo y no acaba hasta que el último alumno termina y lo entrega.

Si analizamos su Lista de Calificaciones, veremos que abundan los aprobados y notables, escaseando tanto los *suspensos* como los *sobresalientes*. Es justo, tolerante, pero a la vez exigente en su *justa medida*, especialmente si su asignatura es de Primer Curso. Probablemente te volverás a encontrar con él en tercero o cuarto y entonces disfrutarás mucho más con sus clases.

En otras palabras: *es como nos gustaría que fuesen todos nuestros profesores en la Universidad;* algo inviable en un mundo imperfecto como el hispánicus en el que vivimos.

Hablando de imperfecciones, continuemos analizando al otro tipo de profesor, el *PSD:*

EL PROFESOR SEMI-DOCENTE

I really wanna be a good teacher, but...

En realidad el *semidoc* es un *mix* entre los dos estereotipos descritos anteriormente. Puntual en sus horarios, *inflexible* en el control de asistencia, *reacio* a que el alumno participe en clase aunque a veces no tiene por menos que darle la palabra a alguno ante su insistencia.

Tiene una característica típica: denota una *preocupación excesiva* por cumplir con el Temario así como con el *fondo* y las *formas* que impone la Guía Académica Oficial y las Normas de Régimen Interno de la Universidad y de su Facultad, de modo que *nadie* pueda *llamarle la atención* en su trabajo, pero olvida un hecho importante: *la Universidad no es un Ministerio.*

Si imparte una asignatura de las optativas, pasa sin pena ni gloria, pero el problema se *agudiza* cuando es el responsable de una asignatura troncal. En muchas ocasiones, esa asignatura que en 2º o 3º curso podría ser *clave* para que el alumno descubriese y definiese su trayectoria, si todavía no la tiene elegida, con ese tipo de profesor se convierte en la típica *asignatura aprobada, asignatura olvidada*, ella y el profesor/a *semidoc* que la impartió.

En esta categoría, no debo pasar por alto a un tipo de profesor *atípico.* Resulta que es un gran especialista, un monstruo en su materia, publica artículos y libros buenísimos, tiene una excelente reputación entre los colegas nacionales e internacionales de su especialidad, pero lamentablemente... *no sabe ni enseñar ni transmitir* al alumnado sus vastos conocimientos.

Me he encontrado con varios de este tipo en mi vida, pero recuerdo con cariño a uno en particular al que su cerebro iba a otra velocidad que sus palabras. Sin PowerPoint ni puñetas, daba clase paseando por el aula con las manos cruzadas en la espalda sin leer un papel; bueno, más bien eran *monólogos* de dos horas *sin pausa* de todo lo que tenía almacenado en su cabezón, yendo adelante y atrás en el tema a toda velocidad y era *humanamente imposible* seguirle en su exposición y mucho menos tomar apuntes.

En la Facultad tenía un apodo: *"La Máquina de Hablar"* y durante sus muchos años de ejercicio de profesión, lamentablemente siempre fue un buen especialista e investigador pero a la vez un *semidoc*, o un *maldoc.*

Al menos era tolerante con exámenes y calificaciones, porque reconocía y decía públicamente a punto de jubilarse: "*mis alumnos son cada vez más inmaduros y no me entienden".* Yo, que era *maduro,* ¡tampoco!

EL RESTO DEL PROFESORADO

Cantidad y variedad como en Botica.

Por supuesto que en un colectivo tan amplio, hay más tipos que los descritos, pero dado que la mayoría de ellos podrían entrar en esta amplia categoría *semidoc,* lo dejaremos así para no complicar la cosa. Estos descritos son los tres tipos fundamentales de profesor que te encontrarás a lo largo de toda tu carrera.

Si no la conoces, la página web www.patatabrava.com contiene un ranking de *todos* los profesores de *todas* las Facultades de *todas* las Universidades de España. Aparte de la *calificación* que tenga por votación de sus alumnos, también hay comentarios y frases famosas de él y contra él. Puedes hacer las comprobaciones tú mismo.

Aparte de los tipos de profesores descritos, en mi Facultad hay un dicho que describe sus cambios con la edad.

A lo largo de su vida laboral, todos comienzan en su juventud siendo Sancho *"El Bravo"*, continúan como Sancho *"El Fuerte"*, más tarde son Sancho *"El Mayor"*, para convertirse en Sancho *"El Bueno"*, y acabar como... Sancho *"Panza"*.

Por todo lo expuesto anteriormente, comprenderás que cuanto antes *identifiques* el tipo de profesor, *más fácil* será tu trato con él o ella para enfocar y *afrontar* adecuadamente su asignatura, pero no debemos olvidar cual debe ser:

TU TRATO CON LOS PROFESORES

Cordial pero siempre educado.

Ya te he descrito cómo son pero no te preocupes, tu trato con ellos será *informal* como con los de tu Instituto, pero en la universidad existe una *formalidad subyacente* de la que te informo y pongo sobre aviso para que la respetes.

El profesor universitario tiene *otro estatus social* (y no lo digo sólo por algunos estirados tipo *funcionario* que te he contado), pero la verdad es que en general te vas a encontrar más profesores atentos y agradables que desagradables.

Aunque ahora es práctica habitual el llamarles *"de tú"*, cuida tu lenguaje y *las formas*, de modo que reflejen un trato cordial y cotidiano pero a su vez siempre *respetuoso*; no estás hablando con un *colega*. El trato puede ser coloquial, pero recuerda siempre que él es *el profesor* y tú su *alumno*, por tanto... *respeto*. No puedes entrar en su despacho diciendo... *"Qué passsaa Manolooo, cómo lo llevasss"*, tienes que ser cuidadoso en tus formas.

Te encontrarás con que alguno todavía (pocos) se dirige a la clase con el *"ustedes"* y también requiere que se le trate *"de usted"*. Respeta su modo, *no te lo saltes* y ni se te ocurra decirle que en el siglo XXI está *obsoleto*. En tus comunicaciones por e-mail, no comiences utilizando el *"Hola Manolo"* o similares como haces con tus amigos. Una fórmula respetuosa, fina y elegante a la par que coloquial, puede ser el comenzar con: *"Estimado Prof. Rodríguez, estimado Manuel,"*. Si es profesora, recuerda que la abreviatura es Profª.

A la hora de la despedida, nada de *"Chau", "Hasta luego Lucas"* o similares. No hace falta un formal *"Atentamente"*; la fórmula más común es *"Un saludo"*, añadiendo *debajo* tu nombre y apellido, y si no te conoce por tu nombre en clase es conveniente *añadir* en otra línea mas abajo el *curso y Grado* al que perteneces.

Ten en cuenta que a casi todos los profesores de universidad, el *Ministerio de la Cosa* los tiene muy *pluriempleados* dando clase a alumnos de *varias* asignaturas de *varios* cursos, incluso de *Grados distintos* de los que se imparten en su Facultad y entre todos pueden tener fácilmente 300 o 350 (o incluso más) alumnos cada uno, cada curso, lo cual obviamente es indeseable y *tumach*, (*too many*, properly speaking). En un auténtico Plan Bolonia nunca sería así, sino infinitamente más reducido. Por ese y otros detalles, la Evaluación Continua es *inviable* en la Universidad actual.

Hablando de mails y del por qué configurar tu buzón con tu nombre: por esa razón de cantidad junto con *spams, malwares, spywares* y más *wares* similares, hay bastantes profesores que en sus buzones de uso exclusivo académico en los que reciben a diario una *gran cantidad* de mails, directamente *rechazan* y mandan a la papelera *sin abrirlos* los que reciben de Hotmail, Yahoo, Gmail y similares.

Por tanto, en tus comunicaciones con tus profesores, utiliza *siempre* tu buzón de la universidad no *los otros*, y si lo tienes configurado como te he sugerido, mejor, porque de entrada identifica nombre y curso (y con ello su asignatura) del alumno que le escribe. Después de que conteste a tu mail, *siempre* respóndele dándole brevemente *las gracias*. Es una cuestión de buena educación.

Hasta aquí, la Primera parte de este Manual, básicamente de *información general* en la que he hecho una composición de lugar y dado algunas recomendaciones importantes a tener en cuenta sobre asuntos varios.

Ahora vamos a pasar a la Segunda, que es la *académico-estudiosa* y fundamental de este Manual: mis recomendaciones para afrontar tu *primer curso* en la universidad, y *salir airoso* de él con el mayor número de asignaturas (preferiblemente todas) *aprobadas.*

Para ello vamos a utilizar el famoso, útil, y tradicional *TDA* :

EL TRUCO DEL ALMENDRUCO

The big almond´s trick.

Una vez explicado todo lo anterior, preámbulo o introducción fundamental para entender de qué va todo esto, paso a explicarte cuál es el *truco del almendruco* o la *fórmula*, o más académicamente hablando, *la metodología* a seguir en tus estudios universitarios boloñeses para obtener el *éxito razonable* que deseas.

Por supuesto, yo diría que es *crítico* para tu *primer curso*, pero mucha de la metodología *casero-boloñesa* que aquí te explico, también te será *válida* para los otros cuatro cursos de tu *Grado* y tu *Máster*. Espero que seas un lector *astuto* y la apliques *inteligentemente* en tu propio beneficio y en el del sufrido bolsillo de tus padres.

Es tan simple que parece una *tontería tonta*, pero créeme si te digo que el 90% de los alumnos primerizos *lo ignoran*: se creen muy *mayores* y muy *listos*, cada uno va *a su bola* dando más o menos tumbos y cosechando *absurdos fracasos*, sobre todo en el *primer semestre* del *primer curso* de carrera.

Todo se basa en cinco puntos fundamentales, todos ellos importantes y complementarios entre sí. Los tres primeros son los *pilares del Plan Bolonia*, y los otros dos... más que obvios:

1.- Asistencia a clase: no faltes salvo causa de fuerza mayor y entre ellas no se incluye la *resaca* ni el irte de *finde* el jueves por la tarde si tienes clases el viernes.

2.- *Trabajos obligatorios:* esmérate con ellos, hazlos (en su justa medida y extensión) con tiempo suficiente y nunca los entregues en el último minuto.   En muchas de las carreras *"de Ciencias"*, los Trabajos Obligatorios están sustituidos por *Prácticas de Laboratorio*. Su importancia es la misma a efectos académicos y son una parte importante de la calificación final. Préstale la atención que merecen.

3.- *Tutorías:* haz uso de ellas, la mayoría las ignora. El sistema Bolonia te permite tratar cara a cara de modo individual con tu profesor. Conócele y haz que él te conozca. Es importante.

4.- *Estudio:* realmente ya verás que no te hacen falta tantas horas diarias. Lo fundamental es ser constante y bien organizado desde el primer día hasta el último.

5.- *Organización de tu tiempo:* un día a día bien organizado da de sobra para ir a clase, estudiar, ir al gimnasio, quedar un rato a tomar café y charlar, etc. etc.

Si estudias en antiguas ciudades universitarias como Salamanca, Santiago o Granada, tendrás la ventaja de que todo está a mano y no perderás tiempo en desplazamientos.

Dicho esto con tanta solemnidad por mi parte, no te agobies, los *viernes por la noche, sábado y domingo* podrás dedicarte al jolgorio, porque no todo a tu edad es estudiar como un poseso, y además, *"si no me divierto ahora, no sé cuando voy a poder hacerlo en la vida"*.

Esta frase *-que es muy cierta-* es útil para decírsela a tus padres aunque nunca *justificará* tus suspensos, sin embargo funcionará bien a la hora de pedirles algún presupuesto *extra* para tus vacaciones después de un curso aprobado honrosamente.

Total, tu *astucia* debe estar en el saber *compaginar* hábilmente *estudio y diversión*, algo un poco complejo por las tentaciones, pero no imposible.

Para tu tranquilidad te aclaro que este no es un método ni metafísico ni experimental, sino ampliamente *probado y contrastado* por mi mismo y por distintos alumnos de distintos niveles en distintas Facultades a los que se lo recomendé y lo siguieron a rajatabla. Comentado muchas veces con profesores-amigos, buenos docentes, me dan la razón en que *"esto es lo que hay que hacer con Bolonia, ni más ni menos"*, y que no exageremooosss ... que tampoco es para tanto.

Ya verás cuando acabes su lectura, que todo lo que aquí te cuento realmente es *de cajón de tabla de madera de pino*.

Mi único mérito (si tengo alguno) ha sido *compilar* toda la información basada en mi carácter observador, experiencia (que seguirá siendo la Madre de la Ciencia), contrastar todo lo que pienso con buenos docentes y *escribirlo* de un modo práctico y ameno para ti.

En los capítulos siguientes, vamos a analizar en detalle cada uno de estos cinco puntos vitales, que serán la clave del éxito en tus estudios boloñeses.

Empecemos por el principio, que es por donde hay que empezar siempre:

LA ASISTENCIA A CLASE

Te pongas como te pongas.

¿Entenderías que tu padre o tu madre no fuesen a trabajar cuando les diese la gana o no les apeteciese? ¿Nooo, verdad?, por tanto desde el primer minuto en que pisas por primera vez la Universidad, debes *entender y asumir que tu trabajo **(por el que <u>pagas</u> en vez de <u>cobrar</u>)** es estudiar,* y tu jornada laboral es de mañana y tarde de lunes a viernes.

Asistir a clase es una parte *importante* de él, porque no olvidemos que el Plan Bolonia, hasta que alguien desarrolle otro mejor (o peor) y se cambie, es un plan de estudios *presencial,* no a distancia. Para esos fines existe la UNED, que por cierto funciona bastante bien.

Aquí tenemos que volver al punto en el que hablábamos de la matrícula.

Siempre que sea posible, debes elegir tus asignaturas *optativas* para que junto con las *troncales* sean todas *por la mañana* o todas *por la tarde*, evitando la jornada partida. Podrás organizar mejor tu día a día y el asistir a clases te resultará bastante *más cómodo.* Otro asunto es tratar de *evitar* las clases los *viernes por la mañana* y a primera hora, incompatibles con salir de juerga los jueves por la noche, tema del que hablaremos más adelante.

Si no fuese posible (según Facultades y/o carreras y cursos) pues no te quedará más remedio que afrontarlo, pero siempre intentando *optimizar* tu tiempo.

Un ejemplo: si un día acabas las clases a las 14:00 h. y tienes otra asignatura a las 16:00 quizás no te merezca la pena ir a comer a tu casa, piso o residencia. Come en uno de los Comedores Universitarios o bares cercanos, repasa apuntes, o date un paseo o tómate un café con algún amigo o compañero hasta la hora de volver a la Facultad. Es *menos estresante* y mucho más útil y placentero.

Lo que *NO puedes hacer* bajo *NINGÚN* concepto es dejarte atacar por el ya mencionado y muy contagioso **SPL (Síndrome de la Primera Libertad)** que afecta a casi todos los alumnos de primer curso y repercute en su asistencia a clase.

Salir de copas entre semana, volver a casa *medio pedo* a las cinco de la madrugada puede ser novedoso y divertido, pero es *incompatible* con ir a clase a la mañana siguiente. De esto hablaremos más en el apartado Organización de tu tiempo.

A continuación, voy a explicarte el por qué es importante asistir todos los días, independientemente de que los profesores controlen más o menos tu asistencia. Eso para ti, que vas a ser un buen universitario, debería ser algo *secundario*. También añado algunas recomendaciones adicionales. Ahí vamos:

1.- Siéntate en las *primeras* filas del aula. De ese modo el profesor te *visualiza*, constata mentalmente tu asistencia y este hecho, complementado con alguna Tutoría individual, te pone *nombre y apellidos*. Ya no eres para el profesor, *uno más* de los sesenta o setenta de la clase, eres *fulanito/a de tal*. Comprobarás que tienen buena memoria.

2.- *Olvídate del móvil* durante la hora de clase. No hay nada urgente que no puedas contestar entre clase y clase.

Tampoco hay nada más molesto para un profesor, sea del tipo que sea, (aparte de los cuchicheos en las últimas filas) que un alumno que está *pendiente de su móvil* y no de sus explicaciones.

Tienes que cuidar tu imagen y que no te coloque en su *lista negra* mental de los *pasotas.*

3.- Asistiendo a clase, escuchas las *explicaciones* del profesor y algo se te *quedará* en la memoria, pero lo más importante es que te permite tomar *tus propios apuntes* en el formato que desees, papel o directamente en tu ordenador portátil.

Como eres digital y estás a la última en *tesnología*, te recuerdo que *grabar* las clases en tu móvil *megaguay* para utilizar softwares de reconocimiento de voz que los pasan *directamente a Word 2016*, no sólo *no es útil* sino que *no está permitido* e incluso podría ser *sancionado.*

Si utilizas papel, evita en lo posible hacerlo en folios *sueltos* (siempre son candidatos al caos organizativo).

Mi recomendación es utilizar un cuaderno tipo *"Oxford"* por semestre con cinco apartados, uno para cada asignatura. Después, puedes mantenerlos ahí o como las hojas vienen trepanadas y taladradas, puedes arrancarlas e incorporarlas a un archivador de anillas (que dejas en casa, no cargues con él) añadiendo otras con las anotaciones adicionales a la hora de estudiar, así como la info complementaria que hayas sacado de alguna web, etc.

Los apuntes son algo *muy personal* y fundamental, dado que ya no hay un Libro de Texto que seguir como en el Bachillerato.

No es lo mismo estudiar con *tus propios apuntes* que con los de otro compañero, que a saber qué ha copiado, o qué no ha anotado porque no le parecía interesante. Su redacción puede ser *dolorosa* y sus criterios no tienen por qué *coincidir* con los tuyos. Mi recomendación es que *nunca* estudies con apuntes *de otros.*

También es el momento de desterrar *malos hábitos* del Insti como *subrayar todooo* con rotuladores de colores fosforito, tema que *homenajeo* en el diseño de la portada.

Si los tomas a mano y en papel, *no se te ocurra* pasarlos a Word día a día, es una *pérdida* de tiempo (algunos Blogs de gente que no ha pisado por las aulas boloñesas lo recomienda, pero *hazme caso*). Mucho mejor es que *practiques* y cojas *velocidad de tecleo* en tu portátil para tomar en él *directamente* tus apuntes en clase. Ese sí es *un buen método*.

4.- Asistiendo a clase, estás *al tanto* de todo y no tienes necesidad de estar todo el día preguntando en el Grupo de WhatsApp *¿Qué explicó ayer el profesor fulanito?, ¿Quién me puede dejar los apuntes de la semana pasada? ¿Cuándo hay que entregar el trabajo de tal asignatura?* De ese modo, ya no serás señalado como el paria pedigüeño de la clase.

5.- También sigues *el hilo* del desarrollo de la asignatura (créeme que faltar a clase un par de días, descoloca mucho mentalmente) y estás al tanto de los *comentarios* del profesor, lo cual te da pauta para *conocerle*, comprobar por ti mismo a qué parte del Temario da mayor *importancia* (ignora los comentarios de los demás, sigue tu propio criterio), algo que es importante para *seleccionar el tema* del trabajo obligatorio y para el propio *examen final* , que en un auténtico sistema de evaluación continua *no debería existir*, pero ahí sigue inamovible desde hace 800 años como las piedras de nuestras viejas Universidades, y es el que finalmente te hace *aprobar o suspender* (lo veremos más adelante).

En todo mi Grado solo tuve un profesor (excelente por cierto y del tipo *docente*) que aplicaba una verdadera evaluación continua, obligando a hacer un examen final *solamente* a aquellos alumnos que no habían *alcanzado el nivel* y calificación por él establecidos en sus distintos controles.

6.- Siempre que puedas, si el tipo de profesor lo permite, *pregunta* educadamente tus *dudas* y todo lo que *no entiendas* participando *activamente* en la clase. Estás ahí para aprender, que no te dé vergüenza.

También es una buena práctica leer por encima el día anterior el tema del que se va a hablar el día siguiente, sobre todo con el profesor tipo *docente.*

Estarás preparado para levantar la mano y responder a la pregunta imprevista de *"¿Alguien en la clase sabe... que es o que significa XXX?"* El profesor lo interpretará como un gesto de interés por su asignatura y eso es *positivo.*

7.- Asistiendo regularmente, *te integras* con tus compañeros, aprovechas los tiempos muertos entre clases para charlar y *relacionarte.*

De esos momentos (y de las juergas) saldrán *algunos* de los que serán los MEJORES AMIGOS en tu vida.

Piensa que *durmiendo la resaca* de la noche anterior en tu apartamento durante las horas de clase, solo consigues *soledad y aislamiento,* y el resto del día te quedará descolocado y desaprovechado.

8.- Si echas cuentas, mira tu *Tabla de Horarios de Clase* y multiplica. Cada semestre contiene no tantas horas lectivas como te pueda parecer a primera vista. Pasa…volando.

Dentro de pocos años, en los campus universitarios del mundo mundial, se vaciarán sus aulas y quedarán reducidos a laboratorios de pruebas, investigación y desarrollo de casos y técnicas. Es el todopoderoso I+D+i, la *Alquimia* del siglo XXI.

La enseñanza será *vía internet y videoconferencia*. Los exámenes de evaluación también se harán *online,* escritos con utilización de *softwares de corrección* que detectarán con facilidad si la persona realmente sabe y desarrolla sus conocimientos o lo ha *copiado*, y orales por *Skype* o similar, con softwares de reconocimiento facial y de voz que detectarán si estás nervioso o si no miras directamente a la cámara porque en la habitación hay alguien *soplándote*. La *inteligencia artificial* y la tecnología actual ya es la releche, y la que veremos en el futuro inmediato, *ni te cuento.*

La ventaja es que tus hijos (y mis nietos) podrán estudiar cómodamente *desde casa* en la USAL, la Complutense, Cambridge o Harvard, en la Autónoma de Barcelona (que para entonces será el *extranjero*) o en la Universidad del mundo más prestigiosa o que sea la *mejor especialista* en impartir esa carrera

en particular; eso sí, suponiendo que *puedas pagarla,* porque a pesar de todos los avances, la cosa no saldrá gratis y tener una buena educación universitaria seguirá costando *un buen puñado de bitcoins.*

Pero por el momento, mi querido/a amigo/a lector/a, a día de hoy, seamos realistas, la enseñanza universitaria es como es: *presencial, en la Facultad, en el Aula y con Profesor de carne y hueso.*

Pero no te desanimes. Según el tipo de profesor descrito anteriormente, las clases te resultarán más o menos *aburridas*, o verdaderamente *divertidas e interesantes*. Yo me atrevería a decir que el balance a pesar de todo será *positivo*, siempre que tu *actitud* frente a ellas también lo sea.

Cuando seas mayor (dentro de pocos años) y veas a tus hijos estudiar telemáticamente desde casa, añorarás tus tiempos universitarios que no volverán como las golondrinas de Gustavo Adolfo: *madrugones* en pleno invierno con mañanas siberianas, tu *clase*, tus *compañeros* de piso, tus *juergas* nocturnas, aquel *ligue* con tu *compañero fulanito* que no funcionó (o SI y estás casado con él o ella, porque los años de universidad y compartir carrera generan muchas parejas), algunos buenos *docentes* que te *enseñaron y motivaron*, y tu *café rápido* matutino antes de entrar en clase comprado a toda prisa en algún Take Away.

Me queda la satisfacción personal de que espero que también *te acordarás de mí* y de este Manual que te resultó tan útil.

Este efecto de la *mente madura* se llama *añoralgia,* palabreja inventada por *Les Luthiers* (ver Wiki) y comienza a hacer efecto a partir de los 40. *Moooving on !!* Vienen los *TOI:*

LOS TRABAJOS INDIVIDUALES

¿Joer qué cruz? Nooo, ¡pueden ser divertidos!

Es curioso que siendo los trabajos obligatorios (formalmente *Ensayos*) de cada asignatura, una parte importante del Plan Bolonia, muy pocos profesores expliquen en clase a los *primerizos* cómo hacerlos, dando por sentado su *conocimiento de lo desconocido,* por lo cual el alumno sigue su propio criterio y libre albedrío, con la consiguiente *pérdida* de tiempo e incluso consiguiendo efectos *negativos* a la hora de las calificaciones.

Este *no es* tu caso, porque para eso estoy yo y tú has comprado este librillo (gracias de nuevo) donde tienes toda la información y consejos que necesitas. Por tanto, *tranquilo,* que en este apartado, con un pelín de *astuto esfuerzo*, cosecharás *grandes éxitos*. Veamos.

Algunas Universidades españolas tienen publicadas su propias Guías de cómo realizar los trabajos (Univ. de Castilla-La Mancha, Univ. de Valencia, Univ. de Alicante etc.) Pregúntale al *señor Google* si es el caso de la Universidad donde estudias.

Por mi parte, he seleccionado una Guía que me parece simple y útil publicada por la Profª. Yolanda Gamboa, Assistant Professor of Spanish en la Florida Atlantic University (USA). Es clara, concisa, y te da las instrucciones y consejos a seguir para realizar un buen Ensayo. Con su permiso lo reproduzco a continuación.

GUÍA PARA LA ESCRITURA DEL ENSAYO

Sinopsis:

1. Qué es un ensayo
2. Antes de empezar a escribir
3. La organización del ensayo
4. Después de escribir
5. Mantenga y mejore sus ensayos
6. La lógica
7. Las transiciones
8. El ensayo de investigación
9. Cómo investigar

1. QUÉ ES UN ENSAYO

Redactar consiste en poner por escrito un pensamiento, una opinión, etc., aunque no todo tipo de escrito (o también llamado redacción) es el apropiado dentro del mundo académico. Al escrito académico lo llamamos "ensayo".

El ensayo es un tipo de prosa que brevemente analiza, interpreta o evalúa un tema. Se considera un género literario, al igual que la poesía, la ficción y el drama. El ensayo con el que se suelen encontrar los estudiantes es el ensayo que constituye una pregunta de tarea o examen y que se diferencia de otros tipos de redacción en que:

· Utiliza un tono formal. Por ello deben evitarse el humor, el sarcasmo, el vocabulario coloquial y las observaciones tangenciales o irrelevantes.

· Se escribe para un lector que, aunque inteligente, no necesariamente conoce a fondo la materia.

· De hecho, el propósito fundamental del ensayo de examen o tarea es demostrar los propios conocimientos sobre el tema de la manera más completa posible. Es importante responder exactamente a la pregunta.

Hay que tener en cuenta que un ensayo suele juzgarse de acuerdo con tres criterios:

1. Un contenido relevante y bien documentado.
2. Un argumento apropiado y bien organizado.
3. El uso correcto e idiomático del lenguaje.

2. ANTES DE EMPEZAR A ESCRIBIR

No piense que los escritores profesionales escriben cualquier texto de una sola vez. Antes de llegar al texto definitivo deben escribir varios borradores. Le ocurrirá lo mismo y no debe desanimarse por ello pues es parte del proceso.

Le recomiendo que, en los inicios del proceso, no se preocupe por lograr un vocabulario idóneo ni pierda el tiempo con el diccionario. Eso corresponde a una etapa posterior.

Cuando no logre encontrar la palabra adecuada, escriba la que más se le aproxime y subráyela.

Los pasos en la elaboración de un ensayo son:

1. Hacer una lista de ideas. Una vez hecha, intente buscarle un orden lógico y ordenarla por categorías.

2. Hacer un esbozo. Ello le permitirá presentar todas las ideas así como los argumentos centrales de un modo visual.

3. Escribir el primer borrador, y luego todos los que sean necesarios.

3. LA ORGANIZACIÓN DEL ENSAYO

Un ensayo consta de tres partes fundamentales: introducción, nudo o cuerpo, y conclusión. A continuación veremos cada una de esas partes en detalle.

3.1. Introducción.

La introducción le indica al lector: el propósito del escritor, el acercamiento al tema y la organización que seguirá el ensayo. Vamos a ver cómo se logra algo tan aparentemente complejo.

El primer paso de la introducción consiste en generar ideas pero ¡cuidado!: se trata de generar ideas sobre una pregunta concreta y no sobre un tema muy amplio. Por lo tanto, habrá que limitar el tema y enfocarlo, es decir, organizarlo de acuerdo con una cierta perspectiva y mediante una serie de preguntas que el escritor se hace a sí mismo.

Al enfocar el tema es posible elaborar la tesis: una frase que consiste en la respuesta a una pregunta de enfoque. Ahora bien, para llamar la atención del lector esa tesis puede hacer uso de las siguientes estrategias:

· *Sorpresa:* cuando manifiesta el hecho más notable o imprevisto del ensayo.

· *Confirmación:* cuando se basa en la información que el lector ya conoce a fin de que le sea más fácil aceptar el resto de la argumentación.

· *Contradicción:* cuando empieza con una idea común y aceptada por una mayoría, para seguidamente demostrar que es errónea y corregirla.

· *Suspense:* cuando se presentan los datos poco a poco dejando abierta la pregunta clave, tal vez planteándosela al lector.

La introducción, que no se extenderá más de un párrafo (a lo sumo dos), contendrá las siguientes partes:

- Primero, una breve introducción general al tema.

- Seguidamente la tesis, la cual indicará la interpretación de las implicaciones de la pregunta así como el orden que seguirá el ensayo.

A continuación, veremos una serie de tesis correspondientes a preguntas concretas.

Pregunta 1. Describa al personaje principal del Poema de Mío Cid.

Tesis 1. El Cid, personaje principal del Poema, se distingue por su fortaleza física, propia de guerrero, y su fortaleza interna que lo vuelve símbolo del padre y del esposo cristiano.

Esta tesis indica lo que el escritor considera fundamental en la personalidad del Cid, y a la vez indica la organización del ensayo que consistirá en un párrafo destinado a la fortaleza física, otro destinado a la fortaleza interna, y una conclusión. Por cierto, utiliza la estrategia de sorpresa al aunar fortaleza física e interna.

Pregunta 2. Compare los personajes de Don Quijote y Sancho Panza.

Tesis 2. En general, los personajes de DQ y SP parecen totalmente opuestos: DQ representa al ser idealista y SP al realista. Sin embargo hay momentos en la novela en que los papeles parecen invertirse.

Esta tesis indica que un párrafo se dedicará a desarrollar el idealismo de DQ por medio de ejemplos sacados de la obra, el otro a desarrollar el realismo de SP, el otro a comparar los puntos de contacto entre ambos y, por último, se encontrará la conclusión. Este es un ejemplo de ensayo de comparación y contraste en el que dos párrafos están dedicados al contraste y uno a la comparación. Utiliza la estrategia de contradicción.

¡OJO!: Hay que tener en cuenta que la introducción, en la mayoría de los casos, se escribe una vez la organización del ensayo está clara, es decir, después de varios borradores. Ahora bien, el pensar en la tesis rápidamente facilita mucho el proceso.

En los ensayos de tarea/examen el título es la pregunta misma. Sin embargo, cuando escriba un ensayo con otros propósitos debe tener presente la gran importancia del título, el cual es una guía o señal retórica para el lector. El título por sí solo puede despertar el interés o apatía del lector y es también importante porque transmite, desde el principio, la impresión que quiere comunicar el escritor.

3.2. Nudo o cuerpo.

En el nudo/cuerpo tiene lugar el desarrollo de los aspectos que se indicaron en la introducción. Por lo general, cada aspecto mencionado en la tesis ocupará un párrafo del ensayo. Ahora bien, la organización del nudo/cuerpo variará algo según se escoja una u otra estrategia de argumentación.

Es una sección muy importante del ensayo pues demuestra la capacidad de organización y argumentación del escritor. Así pues, son cruciales en esta sección, el uso adecuado de transiciones y el buen manejo de la lógica.

Existen diferentes estrategias de organización del nudo/cuerpo, con frecuencia, se utilizan varias de ellas en el mismo ensayo. El ensayo académico no suele hacer uso de la descripción ni de la narración sino de la exposición, es decir, incluye una declaración general (tesis) y la evidencia específica para apoyarla. Ahora bien, dependiendo del propósito, el escritor utilizará una u otra estrategia de argumentación:

· *El análisis.* Consiste en la descripción de partes o componentes de una entidad. Es una técnica propia del estudio de la literatura. Así pues, el análisis de una novela incluiría los personajes, el argumento, el punto de vista y demás elementos que componen la novela.

· *Comparación y contraste.* Sirve para señalar semejanzas y diferencias entre dos o más conjuntos o entidades.

· *Definición.* Aclaración de un término o concepto que el lector puede desconocer. Los diferentes modos de definir incluyen: la situación de un concepto dentro de una clase, la ilustración por medio de ejemplos, el uso de sinónimos y la etimología.

· *Clasificación.* Se parece mucho al análisis pero en vez de preguntarse por las partes de que se compone la totalidad se pregunta por las diferentes clases de la entidad.

Por ejemplo, la novela picaresca se podría estudiar como una clase dentro de la novela en general en tanto que es un subgrupo o género.

· *La causa y el efecto.* Examina un objeto o fenómeno y busca sus orígenes y consecuencias.

¡OJO!: Otro modo de convencer al lector no por la evidencia sino por la emotividad corresponde a las llamadas estrategias de persuasión.

Se recurre al lenguaje figurado (imágenes, metáforas y otras figuras retóricas) con el fin de llegar al lector. Si bien se utilizan tanto en publicidad como en la escritura creativa, no deben utilizarse en los ensayos académicos.

3.3. La conclusión.

La conclusión es el último párrafo del ensayo y debe recoger (o recapitular) las ideas que se presentaron en la tesis, en la introducción.

En la conclusión se invierte la fórmula de la introducción: se empieza con un breve resumen del ensayo y se termina con una frase bien pensada que llame la atención del lector sobre el punto clave del artículo. Esta última frase debe reflejar bien el enfoque del ensayo y a menudo servir para situar la idea central dentro de un contexto más amplio.

4. DESPUÉS DE ESCRIBIR

Una vez terminado el ensayo debe revisarlo. Tenga en cuenta que esta revisión consiste en dos pasos fundamentales:

· En la primera revisión debe observar el contenido y la organización del ensayo, ver si comunica su propósito al lector y si hay cohesión entre las partes.

· En la segunda revisión debe fijarse en los aspectos gramaticales. Entre ellos, prestará atención a los signos de puntuación, la acentuación, la concordancia entre género y número, la ortografía de las palabras que dude (éste es el momento de usar el diccionario), y los aspectos de gramática, y aquellos con los que suela tener dificultad.

Le recomiendo que anote los problemas gramaticales que tuvo en este ensayo y que los compare con los del ensayo anterior. Quizás sería de utilidad hacerse una lista de sus errores comunes para revisarlos antes de entregar la siguiente tarea. Le ayudará a mejorar en tareas siguientes.

5. MANTENGA Y MEJORE SUS ENSAYOS

El estilo evoluciona con el tiempo y la práctica. He aquí unas sugerencias para mejorar sus escritos e ir adquiriendo un estilo propio. Ahora que ya ha dedicado tantas horas a mantener su presente nivel vale la pena mantenerlo, ¿no cree?

· Lea mucho, de estilos diversos, y fíjese en lo que le gusta y no le gusta del estilo de los demás.

· Experimente con la escritura ensayando diversos estilos. Le ayudará a encontrara el propio.

· Lea con cierta regularidad revistas científicas relacionadas con su carrera o especialidad. Fíjese en el vocabulario y en las construcciones desconocidas.

· Mantenga un diccionario personal para ir anotando nuevas expresiones académicas, a medida que las encuentre.

· Escriba mucho. Escriba frecuentemente para sí mismo: anote momentos clave de su vida en un diario o escriba sobre asuntos importantes aunque no vaya a compartirlos con nadie.

6. LA LÓGICA

La lógica es crucial en un ensayo y lograrla es algo más sencillo de lo que parece: depende principalmente de la organización de las ideas y de la presentación. Para lograr convencer al lector hay que proceder de modo organizado desde las explicaciones formales hasta la evidencia concreta, es decir, de los hechos a las conclusiones. Para lograr esto el escritor puede utilizar dos tipos de razonamiento: la *lógica inductiva* o la *lógica deductiva.*

De acuerdo con la lógica inductiva el escritor comienza el ensayo mostrando ejemplos concretos para luego deducir de ellos las afirmaciones generales.

Para tener éxito, no sólo debe elegir bien sus ejemplos sino que también debe de presentar una explicación clara al final del ensayo.

La ventaja de este método es que el lector participa activamente en el proceso de razonamiento y por ello es más fácil convencerle.

De acuerdo con la lógica deductiva el escritor comienza el ensayo mostrando afirmaciones generales, las cuales documenta progresivamente por medio de ejemplos concretos. Para tener éxito, el escritor debe explicar la tesis con gran claridad y, a continuación, debe utilizar transiciones para que los lectores sigan la lógica/argumentación desarrollada en la tesis. La ventaja de este método es que si el lector admite la afirmación general y los argumentos están bien construidos generalmente aceptará las conclusiones.

¿Cuándo debemos utilizar uno u otro método?

Eso depende del tema que deseemos tratar. En el caso de un asunto que le es familiar al lector, la lógica inductiva, con la participación activa del lector, suele resultar más interesante. Ahora bien, si los lectores perciben el asunto como desconocido, complicado, o más allá de su propia experiencia, reaccionarán más positivamente al método deductivo. El escritor puede así presentar las opiniones de los expertos al principio, lo cual les sirve a los lectores como guía o consejo en una materia desconocida.

¡OJO!: Los problemas lógicos que hay que evitar son las generalizaciones (comentarios sin fundamento), los argumentos circulares (explican el tema con las mismas palabras de la introducción sin aclaraciones), los saltos de lógica (información irrelevante que no tiene conexión alguna con las premisas propuestas).

6. LAS TRANSICIONES

Las transiciones suelen ser expresiones, palabras o frases que conectan las ideas y los argumentos del escritor y son de fundamental importancia tanto para lograr mantener la lógica del ensayo (pues dan fluidez a lo que escritor quiere comunicar y hacen más clara la organización del ensayo), como para orientar al lector.

Las transiciones facilitan el paso de una idea a otra pues señalan los elementos clave y las conexiones entre las ideas. Todas estas expresiones pueden considerarse como en un segundo nivel de comunicación que complementa el argumento.

El uso correcto de las transiciones *demuestra el dominio del idioma del estudiante avanzado*. Por ello, es conveniente empezar a familiarizarse con ellas lo antes posible.

La lista que sigue a continuación presenta una clasificación temática de algunas de las transiciones que puede utilizar. Naturalmente hay muchas otras y le aconsejo que mantenga una lista de ellas para poderlas utilizar en los ensayos.

- *Causa:* ya que, dada/dado que, visto que, debido a, a causa de.
- *Certeza:* por supuesto, sin duda, obviamente, claro que.
- *Contradicción:* al contrario, sino, sino que.
- *Condición:* en caso de que, con tal (de) que, a menos que, a condición de que.
- *Efecto:* como consecuencia, entonces, por eso, como resultado.
- *Hecho imprevisto:* sin embargo, a pesar de, aun así, aunque.
- *Incertidumbre:* a lo mejor, quizá, al parecer.
- *Introducción del tema:* con respecto a, con motivo de, tocante a.
- *Medios :* de esta manera, de tal modo.
- *Orden temporal:* primero, en primer/segundo lugar, a continuación, finalmente.
- *Repetición:* es decir que, o sea que, en otras palabras.

7. EL TRABAJO DE INVESTIGACIÓN

El trabajo de investigación (o informe) es un escrito de una cierta extensión. El proceso de escribirlo es similar al proceso de escribir un ensayo, solo que las distintas etapas duran más tiempo.

El trabajo de investigación requiere más trabajo que el ensayo puesto que la información necesaria no puede extraerse ni de la experiencia personal ni de los libros del curso sino que debe ser fruto de la investigación.

Puede ser informativo, en cuyo caso se limita a informar, a presentar los resultados de la investigación (datos y juicios de expertos); o crítico, en cuyo caso presenta los datos junto con la interpretación de los mismos por parte del investigador, toma una determinada postura en vista de los diferentes juicios de los expertos, e intenta convencer.

¡OJO!: En mi opinión, el ensayo informativo es aceptable para las clases de civilización y cultura pero no para las clases de literatura ya que uno de los propósitos de las clases de literatura es el educar tanto la lectura como la escritura crítica.

9. CÓMO INVESTIGAR

Lo crean o no, hoy por hoy es todavía imprescindible acudir a la biblioteca o a los archivos. Por el momento, si bien algunos artículos en la red son serios y fidedignos hay mucho material que o no lo es. Deben tener presente que un trabajo de investigación debe ir más allá de la información encontrada en una web o en una enciclopedia.

Les aconsejo que vayan aprendiendo a filtrar el material con el que se encuentren en la red. Asegúrense de que se menciona el nombre del autor, de la revista o libro. Todo texto procede de un determinado acercamiento crítico, ideología o propósito. Conocer esa procedencia nos ayuda a juzgar la utilidad del texto.

También debo añadir que algunos sitios en la red contienen obras completas para leer como libros electrónicos.

A la hora de investigar deben ir escogiendo títulos, yendo de lo general a lo particular. Para describirlo visualmente, es como un embudo. Tendrán muchos títulos al principio que luego acabarán no utilizando en su trabajo. Esa es la diferencia entre Bibliografía (obras consultadas) y Obras citadas (las obras a las que en definitiva, acabamos haciendo referencia en el ensayo).

¡OJO!: Soy consciente de que nos encontramos ante las puertas de una revolución epistemológica, comparable a la que representó en su idea el inicio de la imprenta. La Red irá cambiando no sólo el modo en que investigamos sino el modo en que nos acercamos a la realidad. Por consiguiente, esta página que he escrito es necesariamente una página en proceso, que iré modificando a medida que tenga acceso a nueva información. Les estaré muy agradecida si pueden hacerme ir llegando sus descubrimientos, que intentaré ir incorporando. (FIN DEL TEXTO)

De esta Guía de la Profª. Gamboa, que me parece muy útil en su conjunto, no incluyo su último apartado que se refiere solamente al Método MLA de Citación, muy utilizado en USA.

Lo mejor que puedes hacer es preguntar a tus profesores cuál de los varios Métodos existentes debes utilizar, seleccionarlo en tu Word y seguirlo.

Independientemente de lo anterior (o si no has encontrado una Guía específica de tu universidad) también hay una Guía especialmente buena (bajo mi modesto punto de vista) y aplicable a todos los casos, estudies donde estudies, que es la de la *Universidad Autónoma de Madrid*.

Puedes acceder a ella en este link:

http://biblioguias.uam.es/trabajo_academico/redaccion

Como verás, contiene instrucciones detalladas e incluso otro link a la *metodología* a seguir con las CITACIONES, también denominadas *Referencias*[1] que deberás utilizar cuando incorpores a tu texto *frases* de otros autores, *libros* de los que de has sacado una información concreta, incluso las referencias *electrónicas* de las *páginas web* de las que hayas utilizado información.

Por último, como buen Manual que lo mismo te puede servir ahora como para elaborar tu futuro TFG o TFM, puedo recomendarte la obra de la Prof.ª Gemma Muñoz-Alonso de la Universidad Complutense de Madrid, que puedes comprar en Bubok formato PDF/eBook por la módica cantidad de 5 € en:

https://www.bubok.es/libros/241373/Como-elaborar-y-defender-un-trabajo-academico-en-humanidades-Del-trabajo-de-fin-de-grado-al-trabajo-de-fin-de-master

---

[1] Referencias son esos numeritos que aparecen de vez en cuando arriba a la derecha de una palabra al leer un texto y después se repiten aquí abajo explicando algo. Es la 5ª pestaña del Word empezando por la izquierda, esa que siempre has ignorado hasta ahora, entre otras cosas porque no te hacía falta. Este es uno de los muchos formatos y métodos existentes. Tu Word los conoce todos.

Llegados hasta aquí, no puedo explicarte nada mejor de lo que ya existe escrito por personas que saben mucho más que yo.

Aprende y sigue las recomendaciones de estos Manuales. Los primeros ensayos que realices te resultarán algo dificultosos si quieres hacerlos bien y cumpliendo las normas, pero ya comprobarás que según progreses en tus estudios cada vez te serán más fáciles, los escribirás de modo mucho más espontáneo y natural, disfrutando haciéndolos.

Por tanto, una vez informado de las fuentes que debes leer y seguir en sus aspectos formales para realizar unos *buenísimos* trabajos, ahora vamos con:

MIS CONSEJOS PRÁCTICOS

Lo que no te cuentan las Guías, te lo cuenta Enrique.

Lo primero es una vez más, acudir a la Guía Académica de cada asignatura que repito, la mayoría de los primerizos desconoce o ignora.

Dentro de la variedad y disparidad de *criterios de evaluación* de cada profesor (tantos como tipos de café: solo, con leche, manchadito, corto, largo, capuchino, etc.) comprueba *qué porcentaje* aplica cada uno de ellos a los trabajos obligatorios en su *calificación final*. Puedes encontrarte con una banda que oscila *desde el 10% al 50%.* Es así, no te sorprendas.

El criterio que debes seguir es el del famoso Perogrullo: tienes que aplicar tu esfuerzo *proporcionalmente al porcentaje.*

No es *lógico* que pierdas tu tiempo haciendo un trabajo maravilloso de horas y horas de búsqueda de información, lectura, síntesis y redacción para una asignatura en la que el profesor (muy probablemente del tipo *funcionario*) te lo va considerar con *sólo 1 punto* de la calificación total como máximo. En el semestre tienes muchooo trabajooo.

En esos casos, haz una *faena de aliño*, como se dice en términos taurinos, cumple *dignamente* con el requisito académico, haz un trabajo *decente,* pero no le dediques *ni un minuto más* de tu valioso y escaso tiempo que vas a necesitar para los otros trabajos de las otras asignaturas.

Un par de *capotazos* y entra rápidamente *a matar*, porque en los corrales de la *Plaza-Facultad* te están esperando otros cuatro *toro-trabajos*, y el *semestre* no dura *seis* meses como indica su nombre (una paradoja, ¿no?), sino cuatro escasos.

ADVERTENCIA: el Profesor-funcionario suele tener la costumbre de *definir la extensión* máxima que debe tener el trabajo. Si él dice *4 folios*, tú presentas *4 folios*, si dice *2000 palabras*, tú lo *ajustas y calzas a 1999*. Podría darte (pero no lo voy a hacer) el nombre y apellidos del profesor y su asignatura de primer curso de mi Grado en el que yo (tan mayor como pardillo) presenté un fastuoso trabajo de 1004 palabras que estaba limitado a 1000 y fue calificado con un *cero patatero*, a pesar de mis quejas, mi edad y evidente solvencia ¡jajaja!. Hay mucho *rarito maniático* por ahí suelto créeme, por tanto, mejor curarse en salud.

Si el profesor *impone* una extensión *máxima, nunca la superes,* pero tampoco te quedes *demasiado* corto. Estás avisado. Todo en su justa medida y en la búsqueda del *"Número Áureo"* (ver Wiki).

Ahora analizaremos el caso opuesto, dejando a tu buen criterio (o en su defecto, puedes hacer una regla de tres) el cómo actuar en los casos de porcentajes de valoración intermedios. Veamos.

En la asignatura X, el profesor valora el trabajo obligatorio en un *40% del total* de la calificación final. Pueden ser *4 puntos sobre 10*, por tanto *merece la pena* esforzarse un poco, y es la vía para, haciendo un examen final decente, *sumar y conseguir* un *Notable* o un *Sobresaliente*, o por qué no una *Matrícula de Honor* en esa asignatura.

Suelen ser los profesores del tipo *docente* los que aplican *altos* porcentajes a los trabajos, quedando para los *semidoc* los porcentajes *intermedios* y para los *funcionarios* los *bajos*. Nunca falla, ya lo comprobarás.

El procedimiento es seguir estos siete sencillos pasos :

1.- Desde el día en que el profesor habla en clase del trabajo para su asignatura, *ponte en movimiento*. No dispones de tanto tiempo, y en cualquier caso tienes que compaginarlo con los trabajos de las otras cuatro asignaturas.

2.- Si el tema es *impuesto* por el profesor no hay nada que discutir, solo *consúltale por mail* si le parece adecuada la bibliografía que piensas utilizar y ve a *Tutoría* cuando tengas el trabajo *medio elaborado* y lo comentas con él.

3.- Si el profesor deja *libertad* de tema, piensa en *dos o tres* que te gustaría hacer en función de tu interés personal, (curiosidad, importancia dentro de la asignatura etc.). Busca la bibliografía que te parezca adecuada y pídele de inmediato una *cita de Tutoría*. Este proceso no debe llevarte más de una semana.

4.- A Tutoría, vete *preparado* para explicarle los *motivos* de tu elección de tema y bibliografía o fuentes seleccionadas. Él te dará su visto bueno o en caso contrario si has elegido un *mal tema*, o *muy visto* o sin *ningún interés*, te propondrá algunos otros para que tú elijas.

Si está de acuerdo con el tema, pero no con la *bibliografía* que has elegido, te *recomendará* la más adecuada. Su interés docente es que leas a los *autores importantes* en esa materia que ahora te son completamente desconocidos.

5.- Ponte *manos a la obra* con el trabajo *cuanto antes*. Ve leyendo, estructura el índice o apartados y haz las anotaciones oportunas, para citar adecuadamente cuando sea necesario. Cualquier duda que te surja, utiliza el correo electrónico con el profesor y *plantéaselas*. Si son leves, te contestará con sus *aclaraciones;* si son graves, *te citará él* a Tutoría para hablar de ellas.

6.- Cuando ya lo lleves bastante avanzado, queda con él de nuevo en Tutoría, explícale lo que llevas hecho y el enfoque que le estás dando al trabajo. Es el momento de que te diga *"vas bien, sigue"* o por el contrario te dará las indicaciones oportunas para que modifiques algunas partes, contenido o cosas similares.

7.- Antes de imprimirlo o darlo por terminado realiza una buena *corrección ortográfica*. No te fíes solo del corrector del Word; te recomiendo que adquieras, tengas a mano, leas y consultes tus dudas en el *Manual de Ortografía Básica de la Lengua Española*, publicado por la RAE:

http://www.rae.es/obras-academicas/ortografia/ortografia-basica

Créeme que es una herramienta muy útil.

En la universidad *no puedes* cometer errores gramaticales u ortográficos, a los profesores les *rechinan* mucho y los puntúan *negativamente.*

Por último, imprime y encuaderna adecuadamente (*nunca* entregues hojas sueltas o simplemente grapadas) el trabajo y preséntalo *antes* de la fecha límite fijada.

Un buen método (salvo instrucciones concretas de entrega) es dejárselo discretamente en su casillero de la Conserjería de la Facultad. Es muy probable que tenga tiempo para leerlo *detenidamente*, no junto con los 50 o 60 trabajos que le entregarán de golpe todos tus compañeros a última hora. Es lo que se llama *ventaja competitiva* sin hacer trampa tramposa.

Quiero *animarte* y decirte que hacer trabajos de temas que te gusten bajo la tutela de buenos docentes, es un verdadero placer. Disfrutarás con ellos y son una *excelente* vía de aprendizaje. Yo en mi Grado, he hecho algunos francamente buenos de los que estoy orgulloso y me han reportado no sólo satisfacción personal sino buenas calificaciones. Ah, otra recomendación. Si resulta que el tema te gusta *tanto tanto*, que a la mitad llevas ya veinte folios, *coméntalo* con tu profesor. Si te ve entusiasmado, puede que no te ponga *limitación* aunque tampoco es cosa de que hagas una Tesis Doctoral.

Si te la pusiera, *redáctalo* de nuevo, *elimina* lo superfluo, ve directamente a lo principal (el *core-business*) y *ajústate* a las indicaciones que te dé.

En cualquier caso, el *pequeño esfuerzo* que apliques te *merecerá la pena*, porque no sólo has aprendido bastante de un tema concreto (lo cual también es útil para charlas de bareto con amigos y compañeros) sino lo más importante para un alumno primerizo como tú: te generará *buenas calificaciones* para tu Expediente Académico, reforzando a su vez tu *autoestima.*

Por último: en tu Universidad existe una plataforma en Internet con apartados para todas tus asignaturas.

Si la entrega de trabajos hay que hacerla *subiéndolos* dentro del apartado en cuestión, *hazlo siempre en formato PDF,* porque no cambia tipos de letra, márgenes, saltos de página etc. (no así el Word que puede montar unos desaguisados importantes entre distintas versiones).

Lo mismo aplica a si el profesor indica que los trabajos se le envíen a su buzón personal de correo electrónico.

OTRO TIPO DE TRABAJO: LA RECENSIÓN

Quizás no hayas oído nunca esa palabra. ¿Qué es una recensión bibliográfica y cómo se hace?

La recensión es una **lectura crítica** de un libro, de un artículo, de una tesis o de una comunicación a un congreso. Comprende la lectura de la obra, el análisis de su contenido y una crítica y valoración de la misma en relación a las obras publicadas sobre el tema. No es un simple comentario de texto como los que hayas hecho en el Bachillerato.

Una recensión no supone un resumen de la obra, ni un simple análisis de contenido, lo que le da dimensión académica universitaria es la crítica que merece a tu juicio, en relación a otras obras conocidas del mismo ámbito o tema o en relación a tu propia experiencia. Para hacer una buena recensión bibliográfica tienes que tener en cuenta estas tres características:

a) Su brevedad y claridad expositiva.

b) El juicio crítico en su justa medida. Muy ponderado.

c) La ubicación de la obra en relación a otras obras del mismo autor o de otros autores pero que traten de la misma temática, parecida o relacionada con ella.

Tiene que constar de los apartados siguientes:

1.- Ficha bibliográfica: en la que se hará constar el título completo de la obra, así como su título en su versión original, en el caso que se trate de una traducción; el nombre y apellidos completos del autor o autores; lugar, fecha y número de edición; lugar y fecha de la primera edición en versión original, caso de una traducción, así como de la existencia de prefacios, introducciones o presentaciones, cuando las hubiere.

2.- Breve presentación de la obra: en la que se comenta el carácter de la obra (si es un ensayo, investigación, manual, divulgación...), si es una obra colectiva (compilación de artículos, estructura en diversas partes, colaboración por capítulos...) o individual, si se trata de una novedad bibliográfica o de reedición de una obra clásica en la materia. Características del autor o autores, si es su primera publicación o es continuación de otras obras. Digamos que no debería tener una extensión de más de media página a espacio y medio o doble espacio.

4.- Análisis de contenido de la obra: en el que se relatará de forma sintética la estructura y contenido valorando <u>cada una de sus partes o capítulos</u> y haciendo <u>comentarios críticos</u> a párrafos que se podrán transcribir textualmente *("siempre en letra cursiva*

---

y entre comillas") indicando entre paréntesis el número de hoja correspondiente).

¡Ojo!, no se trata de "cortar y pegar", sino de comentar los apartados de mayor interés, de <u>criticar su contenido</u> y de relatar aquello que tú consideres de importancia, para recalcarlo o criticarlo con mayor énfasis, como referencia documental de los comentarios vertidos. La extensión de este apartado nodebe superar unas tres páginas.

4) Valoración global y juicio crítico de la obra: es la parte principal de la recensión. Las opiniones que expreses en este apartado deberán <u>estar suficientemente argumentadas y documentadas</u> (con citas a otras obras). Es importante saber situar la obra en su contexto considerando todas sus dimensiones (humanística, social, literaria, científica, divulgativa...), tratando de <u>ser crítico con lo superficial y reiterativo</u>, pero valorando en su justa medida todo aquello que la obra tenga de novedoso, original y útil. La extensión máxima, dos hojas.

5.- Referencias bibliográficas: deberás citar y referenciar todo lo que utilices a lo largo del texto que corresponda a otros autores y/o libros. Salvo que el profesor indique una norma en particular, puedes hacerlo entre paréntesis, indicando el apellido del autor, la inicial de su nombre y el año de edición, como (Romero, E., 2017) jajaja ! o (Trump, D., 2018).

Tienes que incluir al final, como en los ensayos, la bibliografía utilizada.

No es una tarea fácil hacer una BUENA recensión. Supone un esfuerzo intelectual y tener un bagaje adquirido por lo que es un tipo de trabajo más indicado para asignaturas de 3º o 4º curso de carrera, o de Master, pero hay profesores de 1º y 2º curso que les gustan. Aquí te he dado las instrucciones básicas que debes seguir. El resultado final depende solo de ti. Mi recomendación, una vez más es: ponle interés.

LOS TRABAJOS OBLIGATORIOS EN GRUPO

What an asshole, my friend.

Algunos profesores prefieren que el trabajo de la asignatura se realice en *grupos* de tres o cuatro alumnos, por aquello de que se fomenta el *trabajo en equipo.*

Esto, en primer curso de carrera (y más en el primer semestre que en el segundo) no sólo es ridículo bajo mi modesto punto de vista, sino un *peligro peligroso*. Tendrás que juntarte con otros compañeros a los que todavía conoces *poco* y no sabes cómo van a reaccionar y trabajar, y eso lo único que fomenta, no es trabajo en equipo sino *broncas y enfrentamientos.*

El resultado final suele ser una auténtica *chapuza*: nunca es un trabajo coherente sino la *suma* de tres o cuatro trabajos individuales *sin conexión* entre ellos.

Uno o dos de los componentes se lo toman en serio y los otros se limitan a supuestamente colaborar con *"copia y pega" indecentes* que hasta tú, alumno primerizo detectas (imagina la reacción del profesor si llega así a sus manos).

Ante estos casos, la solución siempre es *mala*. Supongamos que tú eres uno de los componentes buenos del grupo. Si te enfrentas a los compañeros chapuceros *exigiéndoles* calidad, *malo*, y si el trabajo se presenta y hasta tú *te avergüenzas* de él, *malo también*, porque va a suponer un suspenso o una nota baja en esa parte de la evaluación que va a afectar a *tu calificación final personal*, lo cual es muy cabreante con resultados muy *injustos*. Yo los he visto a menudo y también sufrido en una ocasión (en 1º curso, primer semestre).

¿Qué puedes hacer? Antes de que sea demasiado tarde, te sugiero:

- Habla *seriamente* con tus compañeros vagos y/o chapuceros y dales la oportunidad de *rectificar*. No suele dar resultado, pero evitará *rencillas,* pues siempre podrás argumentar *"mira fulanito, te lo advertí".* No es conveniente que en primero te crees enemigos en clase y menos por un trabajillo boloñés, pero tienes que mirar por tus propios intereses. Si suspendes por tu propia *vaguería... valeee,* pero nunca por la de los *demás.*

- Pon el problema en *conocimiento* del profesor. Si no te puede cambiar de compañeros o es demasiado tarde y sabes a ciencia cierta que el trabajo en su conjunto es francamente *malo*, una solución salomónica es que le *pidas permiso* para que a la hora de presentarlo, figure no sólo en la portada sino *en cada apartado,* el nombre y apellidos de su autor. De ese modo, el profesor podría valorar el trabajo en su conjunto, pero también las aportaciones *individuales*, aplicando a cada uno las calificaciones que estime oportunas si lo considerase conveniente. En este asunto, no te garantizo nada, depende del criterio personal de cada profesor.

Este problema de los trabajos en grupo no tiene mayor importancia en cursos posteriores, es más, yo diría que entonces si es una buena práctica. Ya conocerás bien a todos los compañeros de tu clase, sabrás de qué pie cojea cada uno y a la hora de hacer el grupo, te juntarás con tus amigos o con los más afines a ti, y ahora si podréis hacer unos verdaderos trabajos en equipo.

Es el *team-building* gringo.

Cuando los hagas, mi recomendación es nombrar por consenso un *coordinador* del trabajo que se preocupe de convocar reuniones para hablar de cómo se va a hacer (reparto de apartados, definir tipo de letra, márgenes y espaciado; es importante para evitar trabajo adicional pues todo debe tener el mismo formato), después *supervisar* cómo va el *progreso* de cada uno, y dar una lectura y corrección final *a todo* antes de entregarlo *correctamente* impreso y *encuadernado.*

Tienes que ser *solidario,* no retrasarte con tu parte o ponerlo en riesgo. Vas a compartir la calificación del trabajo con todo el grupo y no puedes, ni debes, *fallarles.*

Ahora que se supone que ya has cogido el concepto y la importancia de los *TOI* y los *TOEG* para conseguir buenas calificaciones en las asignaturas, pasemos a un tema requerido por algunos profesores (no todos) que suele ser complementario a ese fastuoso trabajo obligatorio de la asignatura, que has realizado.

Como todas las cosas, también lleva su tiempo de elaboración y tiene sus trucos para conseguir un resultado final *impactante y petacular* que puede subirte, no sólo *tu moral* sino *la nota.*

Es la famosa y temida *PEC:*

LA PRESENTACIÓN EN CLASE

De verdad... no es para tantooo.

Se trata de *exponer en clase* frente a profesor y compañeros, el *resumen* de tu trabajo, y ahí viene el primer error de los primerizos (muchos, a pesar de todo, lo seguirán repitiendo a lo largo de toda la carrera).

No entienden que no se trata de *repetir* en muchas diapositivas de PowerPoint lo *mismo* que en el trabajo, sino de hacer una *buena sinopsis* de su contenido y de su objetivo, de la cual a su vez, la presentación es *sólo el guion*. ¿Está claarooo?

Lo importante es lo que vas a *decir de palabra* y tendrás que redactarlo aparte, imprimirlo en letra grande y tenerlo a la vista en el atril durante tu presentación por si tienes algún *lapsus* de memoria.

Lo que <u>*NO debes hacer*</u> bajo ningún concepto, *es <u>leerlo.</u>* Hacer una buena presentación lleva su tiempo de preparación. *Dedícaselo.* Las primeras te costarán algo de esfuerzo, pero las siguientes serán coser y cantar.

Para empezar, tienes que tener un cierto dominio del *PotenciaPunto* (PowerPoint) y siempre es deseable utilizar una de las *últimas* versiones de Microsoft Office, no la del 97 por favor que ya es del siglo pasado, la *Era b.G. (before Google)* de los jóvenes historiadores.

Ojo si la presentación es de un trabajo en grupo y hay que *unir* varios ficheros de partes elaboradas por varios compañeros: comprobad que todos utilizáis la *misma* versión (o cercanas y compatibles) pues hay incompatibilidades serias entre las más antiguas y las más recientes.

Hay softwares alternativos para presentaciones (como *Prezi, Google Slides, Zoho Show etc.*) pero PowerPoint como parte de Microsoft Office sigue siendo el más popular y utilizado, por tanto de momento no hagas experimentos.

Si no lo tienes, (el dominio y/o el Office adecuado, ¡jajaja!) pide *ayuda* a algún compañero, amigo o hermano mayor. Es algo que vas a tener que utilizar durante toda la carrera, por tanto, tendrás que estudiar y dominar el PowerPoint. Dedícale el tiempo necesario.

Piensa que si te creas ahora un buen formato de presentaciones, podrás utilizarlo una y otra vez para distintas asignaturas a lo largo de todo el Grado y el Máster, y perderás menos tiempo en sus preparaciones. Déjate de experimentos y *créate* (o que te lo haga algún amigo experto) un *buen formato* personal, hazme caso.

Vayamos paso a paso con los *pequeños-grandes* detalles que son importantes a la hora de realizar una buena *presenteishon* :

1º.- *Formato y tipo de letra*: el primer paso es el de seleccionar el formato de las diapositivas y el tipo de letra a utilizar. Aquí, *nada de tonterías:* ni fondos rosa con florecitas, ni de Star Wars ni similares. Esto es serio, estás en la Universidad.

Dentro de esta selección, el propio programa tiene muchos tipos ya creados de los que puedes escoger uno que te agrade y *tunearlo* a tu gusto.

Hay un tema IMPORTANTE: si eliges un *fondo* de diapositiva CLARO, tendrás que utilizar un tipo de letra en color OSCURO y viceversa.

El tipo de letra que se *lea bien* (*Arial, Tahoma* o similares, nada de *Bradley Hand, Matisse* etc.). Fondo claro y letra clara *no se verá nada* en la pantalla del aula, aunque tú lo veas en la de tu ordenador (tiene más resolución).

Busca el CONTRASTE, porque lo que deber primar es que se pueda leer bien en la *pantalla del aula.*

Este es un fallo muy habitual que *desmerece* tu trabajo y la percepción del profesor. Lo comprobarás por ti mismo en clase en las presentaciones de otros compañeros que meten la pata (porque no han comprado este útil Manual, ¡jajaja!).

2º.- *Portada:* es la primera diapositiva y debe contener: arriba, en letras grandes el título del trabajo y abajo a la izquierda en letras más pequeñas, nombre de la Universidad, Facultad, Grado, curso y asignatura. Abajo también en el lado derecho, tu nombre y apellidos. En medio, si te gusta, puedes incluir una (o varias en *collage*) imagen relacionada con el tema.

Esto es una sugerencia de composición, puedes utilizar cualquier otra que te guste, siempre que quede *estética*, sin *colorinchis* escandalosos y que no *rechine* a la vista.

3º.- *Diapositivas:* recuerda que deben contener el *guión* a seguir. Si te gusta puedes *combinar* imágenes (buenas, con alta resolución) y texto; son más vistosas y explicativas. Una diapositiva de sólo texto es *monótona y aburrida* para la audiencia.

Como he dicho antes, aparte, prepara el texto de lo que vas a DECIR *(nunca leer).*

No te *enrolles,* ensaya y controla *el tiempo* de cada diapositiva para que el total sea no más de 10 minutos o quizás el profesor indique por anticipado el *tiempo máximo* disponible por alumno. Si fuese así, *respétalo.*

El ajustarte bien al tiempo disponible es un *plus* que el profesor tendrá en *consideración,* frente a los compañeros que hacen presentaciones eternas, infinitas y pesadísimas que el profesor tiene que acabar interrumpiendo para dar paso al siguiente con un *"Ya vale fulanito, gracias".*

Una buena práctica es, después de ensayar y cronometrar, utilizar el *cambio automático* de diapositivas del programa fijando *el tiempo* que debe durar *cada una* individualmente. Te sirve de *autocontrol* y no tienes que estar pendiente de pasarlas manualmente dando a la tecla del *ordenata* de clase o de tu portátil.

4º.- *Cambio de una diapositiva a la siguiente:* utiliza las opciones más simples como por ejemplo la función que desaparece lentamente la diapositiva y aparece la siguiente. Bajo *ningún concepto* utilices las *funciones fashion* como las que giran la diapositiva en *espiral psicodélica,* o parece un paso de página de libro, o similares. Sencillez es elegancia.

5º.- *Última diapositiva:* debe contener la *Bibliografía* que has utilizado para la elaboración del trabajo, en el Método de Citación que utilices *(APA, Harvard, etc.).* Esto, sobre todo en primer o segundo curso, se le olvida a casi todo el mundo.

6º.- *Final:* nunca acabes con una diapositiva que diga... FIN, o THE END como si se tratase de una peli antigua. Después de la de la Bibliografía... se acabó la presentación y punto final.

7º.- *Soporte:* lleva a clase una copia grabada en un *pen* y en otro una segunda copia por seguridad. A veces fallan. También puedes llevarla en *tu propio portátil,* pero comprueba con anterioridad su *conexión* (¿cable adecuado?) y *funcionamiento* (¿compatibilidad?) con el *cañón proyector* instalado en el aula para no perder el tiempo *probandooo probandooo* y quedar en ridículo. Habla con el Conserje para que te permita el acceso al aula en algún momento en el que no esté ocupada para hacer las pruebas oportunas.

8º.- *Miedo escénico:* quizás seas un poco *vergonzoso* y te imponga el hablar en público. Piensa que *no es público,* es tu *profesor* y tus *compañeros,* y tienes que superarlo. La manera es practicando y ensayando una y otra vez en casa hasta que te sientas *a gusto* con el resultado. Después, haz una *prueba final* delante de algunos amigos.

Tienes que *dominar* el escenario, hablar con voz *alta, clara y sin prisas,* de *cara a la clase* y de vez en cuando *al profesor,* girándote para indicar algo en la pantalla cuando sea necesario. Puedes utilizar un *puntero laser* de esos que venden en *los chinos.* Si el aula es muy grande y dispone de megafonía, controla el volumen y maneja bien el micrófono.

Entiendo que va a ser algo que probablemente haces *por primera vez* en tu vida, pero créeme que *no es difícil.* Practica todo lo que sea necesario.

Para *no perder concentración,* no mires *a nadie en particular,* resta importancia al hecho de que 60 pares de ojos te están mirando fijamente (bueno... unos 20 estarán mirando la pantalla de su móvil) y piensa que estás hablando para *un solo interlocutor.* Esto quita mucha *presión.*

Cuando acabes, los enfervorizados aplausos de tus compañeros y el gesto de aceptación de tu profesor, *compensarán* tu esfuerzo. Ah, se me olvidaba: la *calificación* de tu *presenteishon* va *asociada* a la de tu trabajo, por tanto es *importante.*

¿CÓMO CALIFICAN LOS PROFESORES LOS TRABAJOS INCLUIDA LA PRESENTACIÓN EN CLASE?

Aplican a trabajo individual o en grupo. Para que tanto tú como tus compañeros con los que realices algún trabajo conozcáis los criterios que aplican los profesores a la hora de calificar, y por tanto prestéis atención a ello, te resumo los apartados en los que lo suelen dividir y los porcentajes más habituales que aplican:

Rigor de la información (**25%** de la calificación)

Las fuentes de información empleadas deben ser de calidad, por ejemplo, obras de autores reconocidos y expertos en el tema, no se os ocurra utilizar Wikipedia como fuente y mucho menos referenciarla.

Amplitud de los datos aportados (otro **25%**)

Debéis emplear la mayor cantidad posible de fuentes de información, no solo una o dos, y deben ser variadas entre sí y complementarias. Lo que sería demasiado esfuerzo y dedicación para un trabajo individual, al ser entre varios, si se reparten bien las tareas se puede cubrir una perspectiva amplia. Tenéis que demostrar que sabéis buscar, seleccionar y manejar la bibliografía disponible sobre el tema, y eso incluye también los recursos digitales (en Internet hay multitud de webs de organismos e instituciones con amplias bibliotecas de las que se pueden descargar artículos, comunicaciones a Congresos e incluso libros completos.

Estructura y orden de la exposición oral (un **15%**)

El esquema expositivo debe ser claro, ordenado y completo buscando conseguir un equilibrio entre las distintas partes que componen el trabajo (no dedicarle mucho detalle y tiempo a una parte, y poco a otra). Como ya he comentado anteriormente, el ajustar (ensayando previamente) toda la presentación al tiempo asignado y conseguir acabarla (antes de que el profesor "toque la campana" o llame la atención) y logrando exponer todo el trabajo, es un PLUS importante que el profesor valorará positivamente.

Claridad expositiva (**15%**)

El discurso expositivo debe ser claro, fluido y rítmico. Utilizad un vocabulario científico riguroso, no coloquial y mucho menos chabacano. Debe estar muy bien ensayado, sin hacer interrupciones, para por ejemplo comprobar algo en las anotaciones en papel.

Si se hace en grupo, lo mejor es elegir entre los miembros que lo componen al que tenga mayor capacidad para hacerlo bien. Huir de presentarlo entre todos (cada uno una parte), porque el resultado suele ser caótico y falto de ritmo.

Calidad de la Presentación Audiovisual (**20%**)

Sobre este tema he dado muchas recomendaciones. Insisto en que la presentación audiovisual debe ser de calidad, con imágenes variadas y claras y por supuesto la ortografía y la sintaxis no pueden tener errores. Se debe conseguir el equilibrio estético entre imágenes y texto.

PRÁCTICAS DE LABORATORIO

Con las manos en la masa científica.

En casi todas las carreras definidas como *"de Ciencias"*, los trabajos y presentaciones están *sustituidos*, en las asignaturas que así lo requieren, por unas *Prácticas de Laboratorio.*

Su porcentaje de puntuación para la calificación final es tan importante *o más* que los trabajos en las carreras *"de Letras"* antes comentados.

Una vez más, consulta la Guía o Ficha Académica de las asignaturas para ver esos porcentajes y otros requisitos.

Para ellas se dispone de un *Cuaderno de Prácticas* que habrá que completar y en muchas ocasiones es requisito *imprescindible* el haberlas *aprobado o superado* para poder presentarse al *examen final*, por tanto, dale la importancia que tienen. En cuanto a las recomendaciones básicas a seguir:

- El Laboratorio no es un lugar de *charla, ni de citas, ni de ligue.* Actúa como la persona adulta que se supone que eres y con formalidad académica.

- Respeta las *Normas de Seguridad* establecidas.

- Las prácticas requieren *concentración.*

- Un buen método es *repasar* con antelación la *teoría* en la que se basa la *práctica*. En la mayoría de ellas, puedes llevar al Laboratorio tu cuaderno de apuntes.

- Algunos profesores *raritos* no toleran las batas de laboratorio *"decoradas"* con dedicatorias y firmas de amigos y admiradores, tan chulas ellas y tan tradicionales en la Universidad como la propia *Tuna*.

Consulta a compañeros de cursos superiores, porque si topas con uno de los *raritos*, quizás tengas que comprarte otra bata impoluta, y colgar la decorada como adorno en la pared de tu habitación, ¡jajaja!

- Tampoco debes *comerte el bocata* de la merienda en el Laboratorio y suele estar prohibido *introducir en él bebidas* (y mucho menos *cubatas* camuflados en supuestos termos de café). No te hagas el gracioso o te pases de listo. Ten en cuenta que el Profesor de Laboratorio, ha sido *"cocinero antes que fraile"*.

- Si alguna práctica no es individual sino *en grupo*, te remito a lo comentado anteriormente en los Trabajos Obligatorios en Grupo y sus peligros, con las *variantes propias* del caso o materia. *¡Mucho ojo!*

En este apartado y por mi desconocimiento absoluto del tema, lamento no poder proporcionar ayuda a los estudiantes de *Ciencias de la Salud* (Medicina, Enfermería, Fisioterapia, Optometría etc.) cuyas Prácticas son muy particulares y desconocidas para mi.

Para una próxima edición de este Manual (si la hay), prometo recabar información de veteranos y profesores e incluirlas.

Dicho todo esto y esperando que hasta ahora la cosa te vaya quedando meridianamente clara (ya vas viendo que son *muchos* pequeños o grandes *detalles* los que tienes que tener *en cuenta*), vamos a pasar al Punto Tercero del Truco del Almendruco:

LAS TUTORÍAS

Hay que ir al confesionario. Amén.

Dentro del Plan Bolonia, en todas las universidades europeas la figura del *Tutor* y del tiempo que debe dedicar a consultas de los alumnos *(Tutorías)*, son estándar. En España, con un Plan *Semi-Bolonia*, sólo hemos importado parte. Sí existe un *Tutor personal* para dirigir tu TFG (Trabajo Fin de Grado) o TFM (Trabajo Fin de Máster) y también si llegas a hacer el Doctorado, como Director de tu Tesis.

En el Grado, todos y cada uno de los profesores, como parte del Plan de Estudios y de su trabajo, tienen que dedicar un número de horas establecido estando *a disposición* de los alumnos de su asignatura para asesorarles y aclarar sus dudas. En la Guía Académica de cada asignatura deben figurar los *Horarios de Tutoría*. De no ser así, el profesor suele dar esa información el primer día de clase o puede figurar en su asignatura en la Plataforma.

Ahora bien, muchos *profesores-funcionarios,* que deberían estar en su despacho siempre durante esas horas como parte de su horario laboral dado que son horas remuneradas, han *sustituido* por su cuenta el método y sólo acuden *bajo cita previa*, el día y hora que les viene bien, si tienen "clientes", como los notarios y dentistas.

Solo les falta el contestador: *Este es el Servicio de Tutorías del Profesor Menganito. Mi horario es lunes y martes de 13:00 a 14:00 y miércoles y jueves de 18:00 a 19:00.*

Si desea tener una Tutoría por la mañana... marque 1, si la prefiere por la tarde... marque 2, si ha cambiado de opinión y quiere anular una cita existente... marque #. Lo dejo aquí, porque no quiero dar más ideas.

Si nadie les dice nada, ni les llama la atención por esta mala práctica (en lenguaje académico se dice *mala praxis*, para que vayas aprendiendo), no seré yo (ni tú) el que lo haga. Allá ellos y sus Decanos que son sus "jefes".

Otros, intentan suplir esa actividad (recordemos que para el profesor es una actividad tan presencial como para ti el asistir a clase), por una especie de *Tele-Tutoria... ¿dígame?,* procurando dar ese servicio pregunta-respuesta al alumno *vía e-mail,* algo así como *"las afamadas pretensiones del President Puigdemont desde Waterloo".*

Sin embargo, los *docentes* (por vocación y servicio) y los *semidoc* (más que otra cosa porque son escrupulosos en el cumplimiento de sus obligaciones), *sí respetan* sus horarios y allí están a tu disposición. La realidad es que la mayoría de los alumnos sobre todo en primer curso, hacen *muy poco uso o ninguno,* de esta facilidad, y *cometen un error.*

Tus dificultades y/o dudas con la asignatura, si las tienes, debes comentarlas *con tu profesor,* no con tus amigos. Él te dará *consejos y soluciones,* tus amigos... más bien no.

Lo mismo aplica a problemas variopintos, desde cómo encontrar la bibliografía adecuada, a cómo enfocar la realización de un trabajo. La tradicional *Radio Macuto* (ver Wiki) es útil para muchos asuntos pero poco fiable para estos.

Además, asistir a Tutorías con tus profesores *ya desde primer curso,* como dije antes, te permite *conocerles* y que ellos *te conozcan,* estableciendo una relación profesor-alumno que te será de mucho provecho a lo largo de toda tu carrera y también te facilitará en su momento hacer *un buen TFG o TFM,* siendo dirigido por alguno de ellos con el que hayas congeniado y te lleves bien, conocedor de tu interés por su área de especialización y tu valía.

Por tanto, acabemos este apartado resumiendo: *las Tutorías son importantes.* Haz el uso *adecuado* de ellas (nunca abuso, recuerda que *no son* clases particulares)

Y con estooo... *once again, and moooving on*, pasemos al Punto Cuarto: el meollo de la cuestión sin el cual, todo esto no tendría ningún sentido.

EL ESTUDIO

O... qué trabajo es... trabajar.

Aquí entramos en un terreno pantanoso, peliagudo y muy *personal*. El primer problema es que probablemente ya durante el bachillerato hayas creado un *hábito* para el estudio. Creo que es el momento de que lo analices en profundidad: quizás tengas un *buen* hábito, que simplemente tendrás que *ampliar* un poco y *pulir,* pero también podría ser uno *malo*, que te sirvió para ir tirando hasta ahora pero puede que *no sea* el adecuado para tus estudios universitarios: cámbialo ya!

Lo primero y más importante es *mentalizarte* y asumir (ya lo he dicho, pero lo repetiré hasta aburrirte) *que tu trabajo es estudiar.* Si vas a clase *por las mañanas*, tienes que dedicarte a estudiar *por las tardes* y viceversa. Lo cierto es que a *cinco* asignaturas por semestre de *cuatro* meses, (que no sé por qué oficialmente no se llaman cuatrimestres) no te va a sobrar demasiado tiempo.

Para mí, lo más importante es llevar todo *bien hilvanado* (como diría tu abuela) en una *labor* de día a día a lo largo de todo el semestre. Si te saltas *un punto*, o se te *enreda la madeja,* mal asunto. Tendrás que poner de inmediato los medios *correctivos* adecuados.

Un poco todos los días al final *es mucho*, pero cada día que *te saltes* la rutina deberás *recuperar de inmediato* o se te empezará a acumular la tarea en efecto bola de nieve.

Mi consejo para una práctica diaria *efectiva* es:

1.- *Repasa* tus apuntes tomados en clase ese día.

2.- *Amplía* los temas con búsqueda de información en Internet, imprime (o guarda el fichero o el *link*) todo lo que encuentres y te parezca interesante junto con los datos de web, fecha, etc. para poder referenciarlo si posteriormente también vas a utilizar en el trabajo lo que te parezca interesante

3.- Utiliza algún *Manual* que haya recomendado el profesor para la asignatura, y lee la parte del temario que se ha dado ese día en clase realizando tus anotaciones adicionales. Toda esa info complementaria, *colócala* en tus apuntes a continuación de los tomados en clase (o intercalados).

4.- Ahora eres un *currante* de la *cosa estudiosa universitaria*, y te recuerdo que tienes que hacer *cinco trabajos* por semestre. Una buena práctica es dedicar *unas horas* de la semana a cada uno de ellos. Tienes que buscar bibliografía, leer mucho e ir tomando notas para su redacción, que deberás comenzar al *segundo mes* como muy tarde, dejando margen *suficiente* para su elaboración completa, revisión y entrega *a tiempo*.

Ya hemos hablado de la importancia de los trabajos en el Plan de Estudios actual, y no voy a insistir más.

Calcula que todo esto te va a ocupar un mínimo de *cuatro horas diarias* y recuerda: *día que te lo saltas, día que debes recuperar*. La pregunta que te haces es ¿cómo distribuir mi tiempo para poder cubrir toda esa actividad?

Pues... depende de ti, lo único que puedo aconsejarte es *organización,* para lo cual en el capítulo siguiente te daré algunas sugerencias, pero el que debe elaborar tu *Plan de Acción Diario* y cumplirlo a rajatabla, *eres tú mismo.*

No es recomendable estudiar *de un tirón*. Estudia *un par de horas,* haz una pausa para otra actividad y de paso *enfrías* tus recalentadas neuronas y vuelves a estudiar *otro par de horas* más (o las que consideres oportunas).

Alguna de esas horas diarias (como releer los apuntes), la puedes arañar en tiempos aparentemente *muertos* (entre clase y clase, o en el Metro o Bus en tus desplazamientos, etc.). El día útil tiene *16 horas* y te asombrarías si apuntaras todas tus horas muertas improductivas. Aprende a aprovecharlas porque un cuarto de hora de aquí, media hora de allá, una horita de acullá, al cabo del día SUMAN. *El tiempo es bitcoins* (el "patrón oro" está obsoleto).

Además, el tiempo de estudio va asociado a un *lugar*, por tanto analicemos:

¿DÓNDE ESTUDIO?

No busques excusas. Escoge bien el lugar.

Este es otro asunto también muy *personal* y particular. Yo por ejemplo, he estudiado toda mi vida en *mi habitación* (de joven) o *despacho* (de mayor) pero siempre con *música suave* de fondo a la que realmente no hago caso, pero es que odio el silencio absoluto.

Sin embargo a mi mujer le *molesta* y le *desconcentra* hasta *el vuelo de una mosca* (tal cual). Cada uno es cada uno y seis... media docena.

Opino que *no existe una regla óptima* generalizable, lo más importante es que tú te sientas *a gusto* en el entorno que elijas. Lo más normal es que fuese en *tu habitación*, donde tienes a la vista *tu planning* pinchado en la pared, tus libros y todo lo que necesitas a mano, pero no soy quién para *desautorizar* a los que prefieren la mesa de una Cafetería llena de gente entre chocolates con churros, o una de las Bibliotecas de la Universidad (aunque reconocerás conmigo que muchos van/vais a *"estudiar"* a la Biblio por puro *postureo*, y ya de paso, *"a la salida nos tomamos una birras"*).

Creo que lo más importante es conseguir la *concentración* necesaria en lo que estás haciendo, que debe ser *una única tarea (single task):* estudiar y asimilar lo estudiado, ignorando lo que sucede en tu entorno.

Tu cerebro es como tu *ordenata*. Si dices que *"estudias"* pendiente de tu *móvil*, con interrupciones para contestar a los *guasapeos y tuiteos* de tu interminable lista de contactos y *followers*, echando ojeadas al *"what´s new"* de *Instagram* alternando con controlar en *YouTube* a tus *influencers* preferidos, y a la vez no perdiendo *de vista* en la Biblio a aquel chico/a que tanto te gusta, y con los *minglanillos* en las orejas escuchando *Heavy Metal*, es... *mala cosa*, porque tu cerebro está continuamente en *modo multitarea (multitasking)*.

Piensa que es como si en tu ordenata estuvieses *bajando* catorce pelis a la vez, viendo una *serie,* en un canal *Netflix* o similar, con el e-mail *abierto*, mas *Facebook* y con otros tres programas corriendo. Lo más probable es que vaya leeentoo, o incluso *pete* y se *cuelgue*. Ese *petao* es equivalente a cuando tú, después de un rato en *modo multitasking* te quedas *en blanco*, colgao como tu ordenata, pensando *en nada* durante horas delante del libro. ¿Te suenaaa? Muy relajante, una especie de

Mindfulness muy guay, ya lo sé, pero... *nada recomendable* y mucho menos en época de *preparación de exámenes.*

Por tanto no quiero ser pesado: sólo *recordarte* que para estudiar sacando *rendimiento*, tu cerebro preferiblemente *debe estar en modo monotarea (single task),* sentado (o tumbado, ¿por qué no?) en el lugar adecuado donde tú te sientas a gusto.

My basic "recomendeishons"
To follow them or not, is up to you.

1.- En tus horas de estudio y lectura, por favooor, **APAGA TU MÓVIL.** Es muy duro vivir por unas horas *aislado* del mundo, lo sé, pero se *sobrevive.* A la vuelta el mundo sigue exactamente igual.

2.- No busques excusas para salir de casa e ir *"a estudiar"* a la Biblio para hacerte el *encontradizo* con la persona que te trae por la calle de la amargura amorosa. Mejor... *guasepeale* con tus decentes (o indecentes) propuestas o busca otros momentos, lugares y técnicas de seducción.

Sabemos que a tu edad, tus hormonas andan bastante *despendoladas.* Puedes (y debes) jugar con la cosa amoroso-sexual, pero en las horas de estudio... *mejor que NO.*

3.- Tampoco es buena técnica *quedar a estudiar* en tu apartamento con tu *follamigo/a* porque con un 99,99% de probabilidades la cosa acabará como acabará, lo cual es muy saludable y *desestresante*, pero nunca en *sustitución* de las horas planificadas de estudio.

Mejor... queda en *otro momento* del día o de la noche o durante el finde, y no te quedará cargo de conciencia por no haber estudiado; además tu esforzado *planning* no se irá al garete cada dos por tres (6), o cada tres por cuatro (12).

Dicho esto y *mooving on again !* pasemos a la problemática *PDEF:*

PREPARACIÓN DE EXÁMENES FINALES

También denominados "Los aquí te pillo, aquí te mato".

Si has seguido un buen Plan de Acción todo el semestre desde el primer día, ya debes saber *bastante* de tus asignaturas. Ahora sólo te falta el *empujón* final, *nunca el atracón*.

Desde que acaban las clases presenciales, hasta la fecha de los exámenes finales, dispones normalmente *de 10 o 15 días*, tiempo suficiente para prepararlos adecuadamente, pues tienes *todo el día* para dedicarte sólo a esa tarea.

Una vez más, *organiza* tu tiempo y el que le *debes dedicar* a cada asignatura dependiendo de tu sensación personal de cuáles llevas *mejor* preparadas y cuáles *peor.*

Ahora bien, si no has sido *metódico* en el estudio en el día a día, te has *fumado* la mitad de las clases, sales todas las tardes y *muchas noches,* y ahora crees que la *solución* es *encerrarte* esos 10 o 15 días y darte un auténtico *atracón,* lamento decirte que ese método *no funciona* para gente normal. Si eres un *genio,* aunque vago y juerguista, un *fuera de serie* que revienta coeficientes intelectuales, me callo porque haber casos como tú, hailos y también los he conocido (saludos amigo Jorge), pero hablamos de gente *normalita* tirando a *lista* como tú y como yo.

Quiero poner énfasis y llamar la atención sobre otra práctica *negativa* muy *habitual* : como no llevas todas las asignaturas *bien preparadas* (no debería sucederte si has seguido mis consejos), *decides* unilateralmente con *alguna* (o varias) de ellas, *no presentarte* en primera convocatoria y *dejarlo para la segunda.*

Confías en que en esos días de más entre ambas te *dará tiempo* para prepararla. Es un ***craso error*** por dos motivos:

UNO.- Lo que *no has hecho* en cuatro meses, *no lo vas a hacer* (te pongas como te pongas) en un *atracón* de diez días. Además, los atracones son muy indigestos, tanto para el estómago como para el cerebro. Ah, recordarte que el *Monster* te pone *a cien*, pero *no ayuda* en el estudio (aunque algún colega tuyo opine lo contrario, dile de mi parte que... NO, y los *petas* mucho menos).

DOS.- No cuentas con los *imprevistos* que pueden arruinar tus bienintencionados planes. Una *gripe*, o un *trancazo*, o los billetes de *Ryanair* con los que te *tienta* un amigo para un *irresistible* finde en Berlín por 15 eurillos, o que decides que no te puedes perder *el Concierto* de tu grupo favorito que casualmente actúa en esos días en la *otra punta* del país, o mil cosas similares.

Si suspendes en *segunda*, tendrás que *repetir* asignatura el curso siguiente, con el importe de su matrícula *incrementado*. Es caro repetirlas, y si estudias con Beca... recuerda que *peligra*.

Otro asunto también importante y <u>*totalmente desconocido*</u>, no sólo por los primerizos sino por los estudiantes en general: a efectos de calcular la NOTA MEDIA DE TU GRADO una vez que lo finalices no vale *lo mismo* la calificación que hayas obtenido en una asignatura, si ha sido aprobada *en primera convocatoria, segunda o tercera,* etc.

Tu Universidad (es una norma general del Plan Bolonia) aplicará en el cálculo de tu *nota media,* un *factor de corrección negativo* para cada asignatura/+convocatorias, siendo cada vez *mayor.* No es la suma de calificaciones dividida por el número de asignaturas.

Este es un hecho *importante* a nivel acceso a *Máster*, obtención de *Becas de Posgrado*, etc. (todo esto se está poniendo cada vez más complicado y difícil). Podría ocurrirte que te quedaras *fuera* por esas décimas que *palmaste* tontamente sin saberlo, por presentarte en segundas convocatorias como *práctica habitual*, o por repetir *demasiadas* asignaturas en la carrera aunque la hayas acabado en un tiempo razonable.

Mi recomendación

- *Preséntate siempre* a las *primeras* convocatorias.

Quizás estés *mejor* preparado de lo que crees (el *miedo escénico* sobre todo en el primer curso, hace estragos) o si no lo estás, puede que tengas *suerte* y las preguntas del examen casualmente son las que *te sabes* y dominas o la pregunta principal del examen *coincide,* o tiene mucha relación, con el *tema del trabajo* que has hecho en esa asignatura, por lo que te lo sabes de sobra y haces un examen *McNífico*.

- Si a pesar de todo suspendes... *ino pasa nada!*, lo has *intentado.* Ahora es cuando hay que ir *seriamente a segunda*, pero comprende que *descartar* por adelantado *el 50% de posibilidades* de poder aprobar es una *tontería bastante tonta.*

- Tienes que tener en cuenta que para la *Nota Media Ponderada* de tu Grado y/o Máster, los suspensos *no computan* ni figuran en tu expediente académico, sólo los aprobados con su calificación *tal cual* si ha sido en primera convocatoria, o *penalizada* (inferior) si la has aprobado en *segunda, tercera, cuarta* etc, como he comentado antes. *Undertan ??*

- La penalización (según el MEC, pero puede variar en tu Universidad) es:

2ª Convocatoria: penalización de -0,20.
3ª Convocatoria: penalización de -0,40.
4ª Convocatoria o superiores: penalización de -0,80.

Sé que este asunto de la *ponderación imponderable* te ha sonado *rharo rharo*, pero créeme que es así. Puedes consultarlo tú mismo en la página web del Ministerio de Educación y Ciencia: *https://www.mecd.gob.es/dctm/.../2011-guia-declaracion-nota-media-espana.pdf?..*

Si esto (que <u>no se explica al alumnado</u>, ni figura de forma destacada en las webs de las Universidades) te ha *impactado*, ahora te voy a informar en detalle de otro asunto que te va dejar absolutamente *pasmao y descolocao* porque hasta ahora tus estudios han funcionado de otra manera bajo unas reglas más lógicas y normales basadas en el algoritmo:

5 puntos sobre 10 = SUFI

que ahora en la Universidad ha sido sustituido por este otro algo más moderno y complejo :

If5=sufi/true&depend-teacher&criteria=false=maybetrue&but notalways=notsufi_sesiente&sorry_machote.

Hablemos de *EFVCF:*

EXAMEN FINAL VERSUS CALIFICACIÓN

Tema "mu compleho y mu complicao" mayormente.

Como debes saber, tu calificación final en las asignaturas es la suma de **examen final + asistencia a clases + trabajo obligatorio** (o Prácticas de Laboratorio), pero para que te *cuenten* los puntos de esos *dos pluses*, (todo está especificado en la Guía Académica que como ya comentamos anteriormente, es *La Tabla de Moisés*) **es requisito previo** que <u>**apruebes**</u> **el examen final.**

Ahí se ve lo etéreo y difuso del concepto *evaluación continua* según el Plan Bolonia Hispánico, que en nuestro país realmente es *Semi-Bolonia* y descafeinado.

El examen final sigue siendo la parte *fundamental (¡Joer como toda la vida, como debe ser!* que diría el mismo catedrático *mayor* al que ya me referí antes), sin embargo hay peculiares matices que debes conocer.

Puedes pensar que para aprobar el examen final tienes que obtener una calificación <u>*de un 5*</u> como mínimo. <u>*Pues no es así.*</u>

Una vez más debes acudir a la Guía Académica de la asignatura y ver las *condiciones particulares* que se ha sacado el profesor de su *manga ancha* (o estrecha), para hacer los cálculos *matemáticos-metafísicos-logarítmicoporcentuales* (y me llevo una) de los que va a depender tu ansiada y temida calificación final de cada asignatura.

En ella te encontrarás casos en los que un profesor te *exige* en el examen final (para que te considere y sume los puntos obtenidos en los pluses) *un mínimo de un 6* (o incluso más), y con otro profesor... resulta que *es sólo un 4.* Sí, no te sorprendas, así es la cosa, muy variopinta. En la Universidad Boloñesa actual, un aprobado en el examen, *no es siempre un 5* como estás acostumbrado desde Primaria. Esto es más... moderno y sofisticado, según el algoritmo (de broma) que mencioné.

Caso especial a prestar *mucha atención* es el de las asignaturas divididas en *VARIAS PARTES,* que a su vez son impartidas por *DISTINTOS PROFESORES.* Aquí el *carajal evaluativo* puede ser apoteósico por la complejidad de los criterios que siguen para llegar a la calificación final. No leas, *estudia* la Ficha Académica y aclárate desde el principio. Si no te aclaras *pregunta* a los profesores. Después es demasiado tarde.

De nuevo, te recomiendo mucho *cuidado* a la hora de planificar tu estrategia de conjunto, que a su vez debe ser *distinta e individual* para cada asignatura.

Total, como habrás visto hasta ahora, esto de empezar a estudiar en la Universidad para *labrarte un futuro* (como se decía en los tiempos *b.G.)* y cogerle el tranquillo, supone todo un trabajo de *planificación* al principio de cada semestre, si no quieres llevarte *sorpresas* desagradables, todo ello con la ayuda de mi inestimable Manual. Gracias otra vez por comprarlo y recomendarlo a tus amigos, pero ¡nunca se lo fotocopies porfa! Respeta mis Derechos de Autor, please.

Buenooo, aclarado este truculento *trilerosystem calificativoboloñés,* como diría mi admirado *Forges,* (ver Wiki) pasemos al Punto Quinto del método, la *ODTT:*

LA ORGANIZACIÓN DE TU TIEMPO

Time flies, here we come... again.

De nuevo entramos en terrenos pantanosos y resbaladizos. Si ya *vienes de casa* siendo una persona *desorganizada,* vamos mal, aunque a tus flamantes y envidiables diez y ocho/nueve todavía estás a tiempo de *cambiar,* o al menos deberías *intentarlo* por tu bien (en este tema lamento estar de acuerdo con tu santa madre, aunque no tenga el placer de conocerla).

Entre mis Másters, aparte del de *Conocimientos Inútiles* por la afamada *Sixty Nine International University* del que estoy muy orgulloso, nunca estudié uno de *Pedagogía receptiva Universitaria* ni de *Métodos y Tiempos para no perder el Norte,* por tanto, no soy quién para *sentar cátedra* en este peliagudo asunto.

Sin embargooo... espero y deseo que a lo largo de la lectura de este Manual ya hayas <u>*tomado conciencia*</u> de que el importante reto al que te enfrentas, necesita de las *triquiñuelas* y recomendaciones que te he proporcionado pero también de una *cierta disciplina y organización por tu parte.*

La dificultad +/- *dificultosa,* realmente *no existe;* puedes aprobar esta carrera y catorce más si te lo propones, pero créeme cuando te digo que *sólo* necesitas tres cosas: *voluntad, disciplina y organización de tu tiempo.*

Voluntad se *presupone,* y una cierta disciplina la tienes que aplicar por narices, así que sólo falta *que te organices.*

Como ya has visto, el análisis de todas y cada una de las Guías Académicas de las asignaturas es un *MUST,* y de ellas y de la elección de tus asignaturas, dependerá el *cálculo* de tiempo y esfuerzo que debes dedicar a cada una, al día, a la semana y al semestre. Después, suma las cinco de cada semestre y tendrás el monto total.

Recuerda siempre (y no soy pesado, es que sé que se te olvida) que *tu trabajo es estudiar* y tu jornada laboral es de mañana y tarde, de lunes a viernes, por tanto *PLANIFICA TU DÍA A DÍA* , incluyendo también tu *tiempo libre* y de ocio (*que es tan importante como el de estudio*) durante los findes. Los semestres-cuatrimestres vuelan.

Puedes utilizar el método que consideres *más oportuno*. Uno muy generalizado y tradicional es *HACER UN PLANNING* en papel grande (también sirve una pizarra para rotuladores) clavado con chinchetas en lugar bien visible de tu habitación, *SIEMPRE A LA VISTA*, no solo uno pequeñito guardado en la tapa de tu carpeta o cuaderno. Puedes completarlo con *UNA AGENDA* de día a día, que tenga bastante espacio para escribir tus muchas tareas y ocupaciones, tachando al final del día las realizadas y teniendo a la vista las que te han quedado pendientes.

Como perteneces a la *Generación Digital 2.0,* lo de la Agenda te puede sonar también a *b.G.* Puedes sustituirla y utilizar los Softwares y Apps adecuados para la misma función en tu portátil o en tu móvil (o en ambos), con sus links, alarmas y parafernalias asociadas.

Es importante que en la programación de todas tus actividades (estudio, búsqueda de bibliografía, realización de trabajos etc.) te marques en tu *Planning* unos *MILESTONES* o fechas límite-objetivo que cumplir, con un cierto *margen de seguridad* para imprevistos. Son muchas y muy diversas las actividades que tienes que llevar a cabo, por tanto, no *te fíes al 100%* de tu memoria y quítale peso a tu mente haciendo hueco para las cosas que sí tienes que almacenar en ella.

De tu *Planning*, junto con tu *Tabla de Horarios de Clases* de la Facultad, aparte de en tu ordenador donde irás realizando los cambios y modificaciones, guarda *una copia* actualizada en tu móvil, que es *el único objeto* de este mundo del que no te desprendes ni para ir al WC y siempre lo tendrás a mano para consulta. Una copia de seguridad de todos los ficheros en alguna *Nube* del ciberespacio es recomendable, por si acaso.

Comprendo que las rutinas diarias recomendadas de ir a clase, estudiar, hacer bien los trabajillos boloñeses, descansar y dormir bien tus 7 u 8 horas y *olvidarte de salir por las noches* en tus días laborables (de lunes a viernes no lo olvides), puedan parecerte un plan bastante COÑAZO y poco APETECIBLE que te deja muy poco *tiempo libre.*

Lamentablemente, debo decirte que ES ASI si quieres obtener el ÉXITO en tus estudios, perooo... consuélate: esto *sólo dura 5 años* (en realidad 60 meses de tu vida, 40 de ellos dedicados a la carrera y 20 libres para tu ocio y vacaciones). No está tan mal. Como ya comenté al principio, de esos 40 meses va a depender mucho tu futuro en la vida.Los findes y vacaciones son largos. Para compensar tu *dura* vida de universitario, PLANIFÍCALOS igual de bien que tu semana para sacarle el mayor rendimiento posible.

FIEBRE DEL JUEVES NOCHE

Thursday Night Fever

No quería pasar por alto este hecho palpable y merecedor de una Tesis Doctoral de alguien de Sociología: la costumbre universitaria de salir de copas LOS JUEVES POR LA NOCHE.

Ya no recuerdo cómo, cuándo y dónde surgió, quizás en Salamanca como la *Nochevieja Universitaria,* la realidad es que se ha convertido en algo estándar a lo largo y ancho de las universidades del país.

Comprendo que no puedes ir *contracorriente*, y si todos tus amigos y compañeros *salen*, y a ti te apetece, no te vas a quedar en casa. Ya te di la alerta a la hora de *elegir asignaturas*, para que trates de *evitar* tener clases los viernes por la mañana, pero esto no siempre es posible.

Por tanto, sólo puedo recomendarte que si tienes clases los viernes *intentes* asistir saliendo los jueves pero hasta una hora *prudencial* que no haga el madrugón imposible.

Si durante la semana has tenido algún contratiempo para poder cumplir con tus objetivos, intenta encontrar un hueco los findes para compensarlo y ponerte al día evitando acumulación de tareas. Sobre todo aplica la *autodisciplina* y recuerda: nunca te quedes *atrás* en tu *Planning.*

Creo que, como Forrest Gump, *"sobre este asunto de la organiseishon y el cashondeo, no tengo más que decir"* pero lo siento, yo no tengo caja de bombones.

LOS IDIOMAS

Ya se me olvidaba.

Como eres *Digital 2.0,* tus conocimientos de inglés probablemente serán mejores que los de la generación anterior. Tanto padres como el propio sistema educativo, han puesto algo más de interés en los últimos años.

Hoy en día su conocimiento es equiparable al de las cuatro reglas, por tanto *se supone* que *sabes inglés.* No sé con qué nivel has llegado a la Universidad, pero podría apostar a que *como mucho* es A2 (salvo honrosas excepciones).

Sé que tienes *mucha tarea* por delante y que vas a estar *muy ocupado*, pero si en estos años de universidad *dejas de lado* el perfeccionamiento de tu inglés, *te equivocarás*.

Ponte a ello ya desde primero, no te conformes con un B1 o B2 y márcate el objetivo de *acabar tu carrera* teniendo un *nivel C1*, aunque un C2 sería lo óptimo si quieres ser un triunfador, y no uno más del montón. Estoy ABURRIDO de decirlo.

Sin él y por mucho Expediente Académico que tengas, se te cerrarán muchas puertas y no sólo me refiero a las puertas *españolas* sino a las del cada vez más pequeño *mundo-mundial* que va a ser tu hábitat laboral natural.

Dado que la sociedad del siglo XXI demanda un buen nivel de inglés, aunque realmente lo tengas, eso no te proporcionará una *ventaja competitiva* en el mundo laboral frente a los muchos y bien preparados contrincantes a los que te tendrás que enfrentar. Si puedes y quieres *resaltar* sobre la mayoría, mi recomendación es que empieces a estudiar

CHINO MANDARÍN y <u>no es una broma</u>. A lo largo de toda tu vida, los *tres idiomas principales* con los que se manejará el mundo son: *inglés, español y chino mandarín.*

El *Imperio USA* ya está en clara *decadencia* (como otros Imperios en la Historia) y con Trump, el *Nerón* incendiario de estos tiempos, mucho más. Sin embargo *el Imperio Chino* cada vez toma más protagonismo.

Por último antes de despedirme, decirte que *confío* plenamente en tu *sensatez* y *responsabilidad* para organizar bien tus tiempos de estudio y de ocio.

No espero que sigas a rajatabla TODO lo sugerido, pero si que *amoldes y adaptes* mis recomendaciones a tu situación *particular* y características *personales.*

Querido/a primerizo/a, con tu *esfuerzo* (parte fundamental de todo) y la pequeña *ayuda* de mis consejos recopilados en este Manual, estoy seguro de que:

¡ LO VAS A CONSEGUIR !

POST-DATA

Es decir...después de toda la "data" de este rollo.

Si quieres, puedes enviarme los comentarios que consideres oportunos a mi buzón:

enriqueromero@usal.es

Siempre será muy agradable e instructivo escuchar la opinión de los lectores de este Manual que escribí <u>con cariño</u> "*para todos vosotros y vosotras, jóvenes y jóvenas, estudiantes y estudiantas, etc.*". ¡Que tontería del mal uso del lenguaje de *algunos y algunas!* Espero que no sigas esa *moda*.

¡Hasta siempre! y recuerda mi lema vital:

We shall overcome
(Busca la canción en YouTube)

Para mí la mejor versión siempre ha sido la de *Mahalia Jackson*, pero la de *"The Boss", Bruce Springsteen* tampoco está mal. La de la empalagosa *"Sor" Joan Baez*... ni de broma.

Escrito en Helmantica Augusta, durante los Idus de Marzo de MMXVIII.
Año de frío y nieves, en el que el grajo se cansó de tanto volar bajo.

www.ingramcontent.com/pod-product-compliance
Lightning Source LLC
LaVergne TN
LVHW010638200726
843507LV00011B/1722